ITALIAANS
WOORDENSCHAT

THEMATISCHE WOORDENLIJST

NEDERLANDS ITALIAANS

De meest bruikbare woorden
Om uw woordenschat uit te breiden en
uw taalvaardigheid aan te scherpen

7000 woorden

Thematische woordenschat Nederlands-Italiaans - 7000 woorden

Door Andrey Taranov

Woordenlijsten van T&P Books zijn bedoeld om u woorden van een vreemde taal te helpen leren, onthouden, en bestudering. Dit woordenboek is ingedeeld in thema's en behandelt alle belangrijk terreinen van het dagelijkse leven, bedrijven, wetenschap, cultuur, etc.

Het proces van het leren van woorden met behulp van de op thema's gebaseerde aanpak van T&P Books biedt u de volgende voordelen:

- Correct gegroepeerde informatie is bepalend voor succes bij opeenvolgende stadia van het leren van woorden
- De beschikbaarheid van woorden die van dezelfde stam zijn maakt het mogelijk om woordgroepen te onthouden (in plaats van losse woorden)
- Kleine groepen van woorden faciliteren het proces van het aanmaken van associatieve verbindingen, die nodig zijn bij het consolideren van de woordenschat
- Het niveau van talenkennis kan worden ingeschat door het aantal geleerde woorden

T&P Books Publishing
www.tpbooks.com

ISBN: 978-1-78492-309-9

Dit boek is ook beschikbaar in e-boek formaat.
Gelieve www.tpbooks.com te bezoeken of de belangrijkste online boekwinkels.

ITALIAANSE WOORDENSCHAT
nieuwe woorden leren

T&P Books woordenlijsten zijn bedoeld om u te helpen vreemde woorden te leren, te onthouden, en te bestuderen. De woordenschat bevat meer dan 7000 veel gebruikte woorden die thematisch geordend zijn.

*   De woordenlijst bevat de meest gebruikte woorden
*   Aanbevolen als aanvulling bij welke taalcursus dan ook
*   Voldoet aan de behoeften van de beginnende en gevorderde student in vreemde talen
*   Geschikt voor dagelijks gebruik, bestudering en zelftestactiviteiten
*   Maakt het mogelijk om uw woordenschat te evalueren

Bijzondere kenmerken van de woordenschat

*   De woorden zijn gerangschikt naar hun betekenis, niet volgens alfabet
*   De woorden worden weergegeven in drie kolommen om bestudering en zelftesten te vergemakkelijken
*   Woorden in groepen worden verdeeld in kleine blokken om het leerproces te vergemakkelijken
*   De woordenschat biedt een handige en eenvoudige beschrijving van elk buitenlands woord

De woordenschat bevat 198 onderwerpen zoals:

Basisconcepten, getallen, kleuren, maanden, seizoenen, meeteenheden, kleding en accessoires, eten & voeding, restaurant, familieleden, verwanten, karakter, gevoelens, emoties, ziekten, stad, dorp, bezienswaardigheden, winkelen, geld, huis, thuis, kantoor, werken op kantoor, import & export, marketing, werk zoeken, sport, onderwijs, computer, internet, gereedschap, natuur, landen, nationaliteiten en meer ...

INHOUDSOPGAVE

AFKORTINGEN
gebruikt in de woordenschat

Nederlandse afkortingen

abn	-	als bijvoeglijk naamwoord
bijv.	-	bijvoorbeeld
bn	-	bijvoeglijk naamwoord
bw	-	bijwoord
enk.	-	enkelvoud
enz.	-	enzovoort
form.	.	formele taal
inform.	-	informele taal
mann.	-	mannelijk
mil.	-	militair
mv.	-	meervoud
on.ww.	-	onovergankelijk werkwoord
ontelb.	-	ontelbaar
ov.	-	over
ov.ww.	-	overgankelijk werkwoord
telb.	-	telbaar
vn	-	voornaamwoord
vrouw.	-	vrouwelijk
vw	-	voegwoord
vz	-	voorzetsel
wisk.	-	wiskunde
ww	-	werkwoord

Nederlandse artikelen

de	-	gemeenschappelijk geslacht
de/het	-	gemeenschappelijk geslacht, onzijdig
het	-	onzijdig

Italiaanse afkortingen

agg	-	bijvoeglijk naamwoord
f	-	vrouwelijk zelfstandig naamwoord
f pl	-	vrouwelijk meervoud
m	-	mannelijk zelfstandig naamwoord
m pl	-	mannelijk meervoud

m, f	-	mannelijk, vrouwelijk
pl	-	meervoud
v aus	-	hulp werkwoord
vi	-	onovergankelijk werkwoord
vi, vt	-	onovergankelijk, overgankelijk werkwoord
vr	-	reflexief werkwoord
vt	-	overgankelijk werkwoord

BASISBEGRIPPEN

Basisbegrippen Deel 1

1. Voornaamwoorden

ik	io	['io]
jij, je	tu	['tu]
hij	lui	['luj]
zij, ze	lei	['lej]
wij, we	noi	['noj]
jullie	voi	['voi]
zij, ze	loro, essi	['loro], ['essi]

2. Begroetingen. Begroetingen. Afscheid

Hallo! Dag!	Buongiorno!	[buon'dʒorno]
Hallo!	Salve!	['salve]
Goedemorgen!	Buongiorno!	[buon'dʒorno]
Goedemiddag!	Buon pomeriggio!	[bu'on pome'ridʒo]
Goedenavond!	Buonasera!	[buona'sera]
gedag zeggen (groeten)	salutare (vt)	[salu'tare]
Hoi!	Ciao! Salve!	['tʃao], ['salve]
groeten (het)	saluto (m)	[sa'luto]
verwelkomen (ww)	salutare (vt)	[salu'tare]
Hoe gaat het?	Come va?	['kome 'va]
Is er nog nieuws?	Che c'è di nuovo?	[ke tʃe di nu'ovo]
Dag! Tot ziens!	Arrivederci!	[arrive'dertʃi]
Tot snel! Tot ziens!	A presto!	[a 'presto]
Vaarwel!	Addio!	[ad'dio]
afscheid nemen (ww)	congedarsi (vr)	[kondʒe'darsi]
Tot kijk!	Ciao!	['tʃao]
Dank u!	Grazie!	['gratsie]
Dank u wel!	Grazie mille!	['gratsie 'mille]
Graag gedaan	Prego	['prego]
Geen dank!	Non c'è di che!	[non tʃe di 'ke]
Geen moeite.	Di niente	[di 'njente]
Excuseer me, ... (inform.)	Scusa!	['skuza]
Excuseer me, ... (form.)	Scusi!	['skuzi]
excuseren (verontschuldigen)	scusare (vt)	[sku'zare]
zich verontschuldigen	scusarsi (vr)	[sku'zarsi]

Mijn excuses.	**Chiedo scusa**	['kjedo 'skuza]
Het spijt me!	**Mi perdoni!**	[mi per'doni]
vergeven (ww)	**perdonare** (vt)	[perdo'nare]
Maakt niet uit!	**Non fa niente**	[non fa 'njente]
alsjeblieft	**per favore**	[per fa'vore]
Vergeet het niet!	**Non dimentichi!**	[non di'mentiki]
Natuurlijk!	**Certamente!**	[tʃerta'mente]
Natuurlijk niet!	**Certamente no!**	[tʃerta'mente no]
Akkoord!	**D'accordo!**	[dak'kordo]
Zo is het genoeg!	**Basta!**	['basta]

3. Kardinale getallen. Deel 1

nul	**zero** (m)	['dzero]
een	**uno**	['uno]
twee	**due**	['due]
drie	**tre**	['tre]
vier	**quattro**	['kwattro]
vijf	**cinque**	['tʃinkwe]
zes	**sei**	['sej]
zeven	**sette**	['sette]
acht	**otto**	['otto]
negen	**nove**	['nove]
tien	**dieci**	['djetʃi]
elf	**undici**	['unditʃi]
twaalf	**dodici**	['doditʃi]
dertien	**tredici**	['treditʃi]
veertien	**quattordici**	[kwat'torditʃi]
vijftien	**quindici**	['kwinditʃi]
zestien	**sedici**	['seditʃi]
zeventien	**diciassette**	[ditʃas'sette]
achttien	**diciotto**	[di'tʃotto]
negentien	**diciannove**	[ditʃan'nove]
twintig	**venti**	['venti]
eenentwintig	**ventuno**	[ven'tuno]
tweeëntwintig	**ventidue**	['venti 'due]
drieëntwintig	**ventitre**	['venti 'tre]
dertig	**trenta**	['trenta]
eenendertig	**trentuno**	[tren'tuno]
tweeëndertig	**trentadue**	[trenta 'due]
drieëndertig	**trentatre**	[trenta 'tre]
veertig	**quaranta**	[kwa'ranta]
eenenveertig	**quarantuno**	[kwa'rant'uno]
tweeënveertig	**quarantadue**	[kwa'ranta 'due]
drieënveertig	**quarantatre**	[kwa'ranta 'tre]
vijftig	**cinquanta**	[tʃin'kwanta]
eenenvijftig	**cinquantuno**	[tʃin'kwant'uno]

| tweeënvijftig | cinquantadue | [tʃin'kwanta 'due] |
| drieënvijftig | cinquantatre | [tʃin'kwanta 'tre] |

zestig	sessanta	[ses'santa]
eenenzestig	sessantuno	[sessan'tuno]
tweeënzestig	sessantadue	[ses'santa 'due]
drieënzestig	sessantatre	[ses'santa 'tre]

zeventig	settanta	[set'tanta]
eenenzeventig	settantuno	[settan'tuno]
tweeënzeventig	settantadue	[set'tanta 'due]
drieënzeventig	settantatre	[set'tanta 'tre]

tachtig	ottanta	[ot'tanta]
eenentachtig	ottantuno	[ottan'tuno]
tweeëntachtig	ottantadue	[ot'tanta 'due]
drieëntachtig	ottantatre	[ot'tanta 'tre]

negentig	novanta	[no'vanta]
eenennegentig	novantuno	[novan'tuno]
tweeënnegentig	novantadue	[no'vanta 'due]
drieënnegentig	novantatre	[no'vanta 'tre]

4. Kardinale getallen. Deel 2

honderd	cento	['tʃento]
tweehonderd	duecento	[due'tʃento]
driehonderd	trecento	[tre'tʃento]
vierhonderd	quattrocento	[kwattro'tʃento]
vijfhonderd	cinquecento	[tʃinkwe'tʃento]

zeshonderd	seicento	[sej'tʃento]
zevenhonderd	settecento	[sette'tʃento]
achthonderd	ottocento	[otto'tʃento]
negenhonderd	novecento	[nove'tʃento]

duizend	mille	['mille]
tweeduizend	duemila	[due'mila]
drieduizend	tremila	[tre'mila]
tienduizend	diecimila	['djetʃi 'mila]
honderdduizend	centomila	[tʃento'mila]
miljoen (het)	milione (m)	[mi'ljone]
miljard (het)	miliardo (m)	[mi'ljardo]

5. Getallen. Breuken

breukgetal (het)	frazione (f)	[fra'tsjone]
half	un mezzo	[un 'meddzo]
een derde	un terzo	[un 'tertso]
kwart	un quarto	[un 'kwarto]
een achtste	un ottavo	[un ot'tavo]
een tiende	un decimo	[un 'detʃimo]

| twee derde | **due terzi** | ['due 'tertsi] |
| driekwart | **tre quarti** | [tre 'kwarti] |

6. Getallen. Eenvoudige berekeningen

aftrekking (de)	**sottrazione** (f)	[sottra'tsjone]
aftrekken (ww)	**sottrarre** (vt)	[sot'trarre]
deling (de)	**divisione** (f)	[divi'zjone]
delen (ww)	**dividere** (vt)	[di'videre]
optelling (de)	**addizione** (f)	[addi'tsjone]
erbij optellen (bij elkaar voegen)	**addizionare** (vt)	[additsjo'nare]
optellen (ww)	**addizionare** (vt)	[additsjo'nare]
vermenigvuldiging (de)	**moltiplicazione** (f)	[moltiplika'tsjone]
vermenigvuldigen (ww)	**moltiplicare** (vt)	[moltipli'kare]

7. Getallen. Diversen

cijfer (het)	**cifra** (f)	['ʧifra]
nummer (het)	**numero** (m)	['numero]
telwoord (het)	**numerale** (m)	[nume'rale]
minteken (het)	**meno** (m)	['meno]
plusteken (het)	**più** (m)	['pju]
formule (de)	**formula** (f)	['formula]
berekening (de)	**calcolo** (m)	['kalkolo]
tellen (ww)	**contare** (vt)	[kon'tare]
bijrekenen (ww)	**calcolare** (vt)	[kalko'lare]
vergelijken (ww)	**comparare** (vt)	[kompa'rare]
Hoeveel? (ontelb.)	**Quanto?**	['kwanto]
Hoeveel? (telb.)	**Quanti?**	['kwanti]
som (de), totaal (het)	**somma** (f)	['somma]
uitkomst (de)	**risultato** (m)	[rizul'tato]
rest (de)	**resto** (m)	['resto]
enkele (bijv. ~ minuten)	**qualche ...**	['kwalke]
weinig (bw)	**un po'di ...**	[un po di]
restant (het)	**resto** (m)	['resto]
anderhalf	**uno e mezzo**	['uno e 'meddzo]
dozijn (het)	**dozzina** (f)	[dod'dzina]
middendoor (bw)	**in due**	[in 'due]
even (bw)	**in parti uguali**	[in 'parti u'gwali]
helft (de)	**metà** (f), **mezzo** (m)	[me'ta], ['meddzo]
keer (de)	**volta** (f)	['volta]

8. De belangrijkste werkwoorden. Deel 1

aanbevelen (ww)	raccomandare (vt)	[rakkoman'dare]
aandringen (ww)	insistere (vi)	[in'sistere]
aankomen (per auto, enz.)	arrivare (vi)	[arri'vare]
aanraken (ww)	toccare (vt)	[tok'kare]
adviseren (ww)	consigliare (vt)	[konsiʎ'ʎare]

afdalen (on.ww.)	scendere (vi)	['ʃendere]
afslaan (naar rechts ~)	girare (vi)	[dʒi'rare]
antwoorden (ww)	rispondere (vi, vt)	[ris'pondere]
bang zijn (ww)	avere paura	[a'vere pa'ura]
bedreigen (bijv. met een pistool)	minacciare (vt)	[mina'tʃare]

bedriegen (ww)	ingannare (vt)	[ingan'nare]
beëindigen (ww)	finire (vt)	[fi'nire]
beginnen (ww)	cominciare (vt)	[komin'tʃare]
begrijpen (ww)	capire (vt)	[ka'pire]
beheren (managen)	dirigere (vt)	[di'ridʒere]
beledigen (met scheldwoorden)	insultare (vt)	[insul'tare]

beloven (ww)	promettere (vt)	[pro'mettere]
bereiden (koken)	cucinare (vi)	[kutʃi'nare]
bespreken (spreken over)	discutere (vt)	[di'skutere]

bestellen (eten ~)	ordinare (vt)	[ordi'nare]
bestraffen (een stout kind ~)	punire (vt)	[pu'nire]
betalen (ww)	pagare (vi, vt)	[pa'gare]
betekenen (beduiden)	significare (vt)	[siɲifi'kare]
betreuren (ww)	rincrescere (vi)	[rin'kreʃere]
bevallen (prettig vinden)	piacere (vi)	[pja'tʃere]
bevelen (mil.)	ordinare (vt)	[ordi'nare]
bevrijden (stad, enz.)	liberare (vt)	[libe'rare]
bewaren (ww)	conservare (vt)	[konser'vare]
bezitten (ww)	possedere (vt)	[posse'dere]

bidden (praten met God)	pregare (vi, vt)	[pre'gare]
binnengaan (een kamer ~)	entrare (vi)	[en'trare]
breken (ww)	rompere (vt)	['rompere]
controleren (ww)	controllare (vt)	[kontrol'lare]
creëren (ww)	creare (vt)	[kre'are]

deelnemen (ww)	partecipare (vi)	[partetʃi'pare]
denken (ww)	pensare (vi, vt)	[pen'sare]
doden (ww)	uccidere (vt)	[u'tʃidere]
doen (ww)	fare (vt)	['fare]
dorst hebben (ww)	avere sete	[a'vere 'sete]

9. De belangrijkste werkwoorden. Deel 2

een hint geven	dare un suggerimento	[dare un sudʒeri'mento]
eisen (met klem vragen)	esigere (vt)	[e'zidʒere]

excuseren (vergeven)	**battaglia** (f)	[bat'taʎʎa]
existeren (bestaan)	**esistere** (vi)	[e'zistere]
gaan (te voet)	**andare** (vi)	[an'dare]

gaan zitten (ww)	**sedersi** (vr)	[se'dersi]
gaan zwemmen	**fare il bagno**	['fare il 'baɲo]
geven (ww)	**dare** (vt)	['dare]
glimlachen (ww)	**sorridere** (vi)	[sor'ridere]
goed raden (ww)	**indovinare** (vt)	[indovi'nare]

grappen maken (ww)	**scherzare** (vi)	[sker'tsare]
graven (ww)	**scavare** (vt)	[ska'vare]

hebben (ww)	**avere** (vt)	[a'vere]
helpen (ww)	**aiutare** (vt)	[aju'tare]
herhalen (opnieuw zeggen)	**ripetere** (vt)	[ri'petere]
honger hebben (ww)	**avere fame**	[a'vere 'fame]

hopen (ww)	**sperare** (vi, vt)	[spe'rare]
horen	**sentire** (vt)	[sen'tire]
(waarnemen met het oor)		
huilen (wenen)	**piangere** (vi)	['pjandʒere]
huren (huis, kamer)	**affittare** (vt)	[affit'tare]
informeren (informatie geven)	**informare** (vt)	[infor'mare]

instemmen (akkoord gaan)	**essere d'accordo**	['essere dak'kordo]
jagen (ww)	**cacciare** (vt)	[ka'tʃare]
kennen (kennis hebben	**conoscere**	[ko'noʃere]
van iemand)		
kiezen (ww)	**scegliere** (vt)	['ʃeʎʎere]
klagen (ww)	**lamentarsi** (vr)	[lamen'tarsi]

kosten (ww)	**costare** (vt)	[ko'stare]
kunnen (ww)	**potere** (v aus)	[po'tere]
lachen (ww)	**ridere** (vi)	['ridere]
laten vallen (ww)	**lasciar cadere**	[la'ʃar ka'dere]
lezen (ww)	**leggere** (vi, vt)	['ledʒere]

liefhebben (ww)	**amare qn**	[a'mare]
lunchen (ww)	**pranzare** (vi)	[pran'tsare]
nemen (ww)	**prendere** (vt)	['prendere]
nodig zijn (ww)	**occorrere**	[ok'korrere]

10. De belangrijkste werkwoorden. Deel 3

onderschatten (ww)	**sottovalutare** (vt)	[sottovalu'tare]
ondertekenen (ww)	**firmare** (vt)	[fir'mare]
ontbijten (ww)	**fare colazione**	['fare kola'tsjone]
openen (ww)	**aprire** (vt)	[a'prire]
ophouden (ww)	**cessare** (vt)	[tʃes'sare]
opmerken (zien)	**accorgersi** (vr)	[ak'kordʒersi]

opscheppen (ww)	**vantarsi** (vr)	[van'tarsi]
opschrijven (ww)	**annotare** (vt)	[anno'tare]

plannen (ww)	pianificare (vt)	[pjanifi'kare]
prefereren (verkiezen)	preferire (vt)	[prefe'rire]
proberen (trachten)	tentare (vt)	[ten'tare]
redden (ww)	salvare (vt)	[sal'vare]

rekenen op ...	contare su ...	[kon'tare su]
rennen (ww)	correre (vi)	['korrere]
reserveren	riservare (vt)	[rizer'vare]
(een hotelkamer ~)		
roepen (om hulp)	chiamare (vt)	[kja'mare]
schieten (ww)	sparare (vi)	[spa'rare]
schreeuwen (ww)	gridare (vi)	[gri'dare]

schrijven (ww)	scrivere (vt)	['skrivere]
souperen (ww)	cenare (vi)	[tʃe'nare]
spelen (kinderen)	giocare (vi)	[dʒo'kare]
spreken (ww)	parlare (vi, vt)	[par'lare]
stelen (ww)	rubare (vt)	[ru'bare]
stoppen (pauzeren)	fermarsi (vr)	[fer'marsi]

studeren (Nederlands ~)	studiare (vt)	[stu'djare]
sturen (zenden)	mandare (vt)	[man'dare]
tellen (optellen)	contare (vt)	[kon'tare]
toebehoren aan ...	appartenere (vi)	[apparte'nere]
toestaan (ww)	permettere (vt)	[per'mettere]
tonen (ww)	mostrare (vt)	[mo'strare]

twijfelen (onzeker zijn)	dubitare (vi)	[dubi'tare]
uitgaan (ww)	uscire (vi)	[u'ʃire]
uitnodigen (ww)	invitare (vt)	[invi'tare]
uitspreken (ww)	pronunciare (vt)	[pronun'tʃare]
uitvaren tegen (ww)	sgridare (vt)	[zgri'dare]

11. De belangrijkste werkwoorden. Deel 4

vallen (ww)	cadere (vi)	[ka'dere]
vangen (ww)	afferrare (vt)	[affer'rare]
veranderen (anders maken)	cambiare (vt)	[kam'bjare]
verbaasd zijn (ww)	stupirsi (vr)	[stu'pirsi]
verbergen (ww)	nascondere (vt)	[na'skondere]

verdedigen (je land ~)	difendere (vt)	[di'fendere]
verenigen (ww)	unire (vt)	[u'nire]
vergelijken (ww)	comparare (vt)	[kompa'rare]
vergeten (ww)	dimenticare (vt)	[dimenti'kare]
vergeven (ww)	perdonare (vt)	[perdo'nare]

verklaren (uitleggen)	spiegare (vt)	[spje'gare]
verkopen (per stuk ~)	vendere (vt)	['vendere]
vermelden (praten over)	menzionare (vt)	[mentsjo'nare]
versieren (decoreren)	decorare (vt)	[deko'rare]
vertalen (ww)	tradurre (vt)	[tra'durre]
vertrouwen (ww)	fidarsi (vr)	[fi'darsi]
vervolgen (ww)	continuare (vt)	[kontinu'are]

verwarren (met elkaar ~)	confondere (vt)	[kon'fondere]
verzoeken (ww)	chiedere, domandare	['kjedere], [doman'dare]
verzuimen (school, enz.)	mancare le lezioni	[man'kare le le'tsjoni]

vinden (ww)	trovare (vt)	[tro'vare]
vliegen (ww)	volare (vi)	[vo'lare]
volgen (ww)	seguire (vt)	[se'gwire]
voorstellen (ww)	proporre (vt)	[pro'porre]
voorzien (verwachten)	prevedere (vt)	[preve'dere]
vragen (ww)	chiedere, domandare	['kjedere], [doman'dare]

waarnemen (ww)	osservare (vt)	[osser'vare]
waarschuwen (ww)	avvertire (vt)	[avver'tire]
wachten (ww)	aspettare (vt)	[aspet'tare]
weerspreken (ww)	obiettare (vt)	[objet'tare]
weigeren (ww)	rifiutarsi (vr)	[rifju'tarsi]

werken (ww)	lavorare (vi)	[lavo'rare]
weten (ww)	sapere (vt)	[sa'pere]
willen (verlangen)	volere (vt)	[vo'lere]
zeggen (ww)	dire (vt)	['dire]
zich haasten (ww)	avere fretta	[a'vere 'fretta]

zich interesseren voor …	interessarsi di …	[interes'sarsi di]
zich vergissen (ww)	sbagliare (vi)	[zbaʎ'ʎare]
zich verontschuldigen	scusarsi (vr)	[sku'zarsi]
zien (ww)	vedere (vt)	[ve'dere]

zijn (ww)	essere (vi)	['essere]
zoeken (ww)	cercare (vt)	[tʃer'kare]
zwemmen (ww)	nuotare (vi)	[nuo'tare]
zwijgen (ww)	tacere (vi)	[ta'tʃere]

12. Kleuren

kleur (de)	colore (m)	[ko'lore]
tint (de)	sfumatura (f)	[sfuma'tura]
kleurnuance (de)	tono (m)	['tono]
regenboog (de)	arcobaleno (m)	[arkoba'leno]

wit (bn)	bianco	['bjanko]
zwart (bn)	nero	['nero]
grijs (bn)	grigio	['gridʒo]

groen (bn)	verde	['verde]
geel (bn)	giallo	['dʒallo]
rood (bn)	rosso	['rosso]

blauw (bn)	blu	['blu]
lichtblauw (bn)	azzurro	[ad'dzurro]
roze (bn)	rosa	['roza]
oranje (bn)	arancione	[aran'tʃone]
violet (bn)	violetto	[vio'letto]
bruin (bn)	marrone	[mar'rone]

| goud (bn) | d'oro | ['doro] |
| zilverkleurig (bn) | argenteo | [ar'dʒenteo] |

beige (bn)	beige	[beʒ]
roomkleurig (bn)	color crema	[ko'lor 'krema]
turkoois (bn)	turchese	[tur'keze]
kersrood (bn)	rosso ciliegia (f)	['rosso tʃi'ljedʒa]
lila (bn)	lilla	['lilla]
karmijnrood (bn)	rosso lampone	['rosso lam'pone]

licht (bn)	chiaro	['kjaro]
donker (bn)	scuro	['skuro]
fel (bn)	vivo, vivido	['vivo], ['vivido]

kleur-, kleurig (bn)	colorato	[kolo'rato]
kleuren- (abn)	a colori	[a ko'lori]
zwart-wit (bn)	bianco e nero	['bjanko e 'nero]
eenkleurig (bn)	in tinta unita	[in 'tinta u'nita]
veelkleurig (bn)	multicolore	[multiko'lore]

13. Vragen

Wie?	Chi?	[ki]
Wat?	Che cosa?	[ke 'koza]
Waar?	Dove?	['dove]
Waarheen?	Dove?	['dove]
Waarvandaan?	Di dove?, Da dove?	[di 'dove], [da 'dove]
Wanneer?	Quando?	['kwando]
Waarom?	Perché?	[per'ke]
Waarom?	Perché?	[per'ke]

Waarvoor dan ook?	Per che cosa?	[per ke 'koza]
Hoe?	Come?	['kome]
Wat voor …?	Che?	[ke]
Welk?	Quale?	['kwale]

Aan wie?	A chi?	[a 'ki]
Over wie?	Di chi?	[di 'ki]
Waarover?	Di che cosa?	[di ke 'koza]
Met wie?	Con chi?	[kon 'ki]
Van wie? (mann.)	Di chi?	[di 'ki]

14. Functiewoorden. Bijwoorden. Deel 1

Waar?	Dove?	['dove]
hier (bw)	qui	[kwi]
daar (bw)	lì	[li]

ergens (bw)	da qualche parte	[da 'kwalke 'parte]
nergens (bw)	da nessuna parte	[da nes'suna 'parte]
bij … (in de buurt)	vicino a …	[vi'tʃino a]
bij het raam	vicino alla finestra	[vi'tʃino 'alla fi'nestra]

Waarheen?	**Dove?**	['dove]
hierheen (bw)	**di qui**	[di kwi]
daarheen (bw)	**ci**	[t͡ʃi]
hiervandaan (bw)	**da qui**	[da kwi]
daarvandaan (bw)	**da lì**	[da 'li]
dichtbij (bw)	**vicino, accanto**	[vi't͡ʃino], [a'kanto]
ver (bw)	**lontano**	[lon'tano]
in de buurt (van ...)	**vicino a ...**	[vi't͡ʃino a]
dichtbij (bw)	**vicino**	[vi't͡ʃino]
niet ver (bw)	**non lontano**	[non lon'tano]
linker (bn)	**sinistro**	[si'nistro]
links (bw)	**a sinistra**	[a si'nistra]
linksaf, naar links (bw)	**a sinistra**	[a si'nistra]
rechter (bn)	**destro**	['destro]
rechts (bw)	**a destra**	[a 'destra]
rechtsaf, naar rechts (bw)	**a destra**	[a 'destra]
vooraan (bw)	**davanti**	[da'vanti]
voorste (bn)	**anteriore**	[ante'rjore]
vooruit (bw)	**avanti**	[a'vanti]
achter (bw)	**dietro**	['djetro]
van achteren (bw)	**da dietro**	[da 'djetro]
achteruit (naar achteren)	**indietro**	[in'djetro]
midden (het)	**mezzo** (m), **centro** (m)	['medd͡zo], ['t͡ʃentro]
in het midden (bw)	**in mezzo, al centro**	[in 'medd͡zo], [al 't͡ʃentro]
opzij (bw)	**di fianco**	[di 'fjanko]
overal (bw)	**dappertutto**	[dapper'tutto]
omheen (bw)	**attorno**	[at'torno]
binnenuit (bw)	**da dentro**	[da 'dentro]
naar ergens (bw)	**da qualche parte**	[da 'kwalke 'parte]
rechtdoor (bw)	**dritto**	['dritto]
terug (bijv. ~ komen)	**indietro**	[in'djetro]
ergens vandaan (bw)	**da qualsiasi parte**	[da kwal'siazi 'parte]
ergens vandaan	**da qualche posto**	[da 'kwalke 'posto]
(en dit geld moet ~ komen)		
ten eerste (bw)	**in primo luogo**	[in 'primo lu'ogo]
ten tweede (bw)	**in secondo luogo**	[in se'kondo lu'ogo]
ten derde (bw)	**in terzo luogo**	[in 'tertso lu'ogo]
plotseling (bw)	**all'improvviso**	[all improv'vizo]
in het begin (bw)	**all'inizio**	[all i'nitsio]
voor de eerste keer (bw)	**per la prima volta**	[per la 'prima 'volta]
lang voor ... (bw)	**molto tempo prima di ...**	['molto 'tempo 'prima di]
opnieuw (bw)	**di nuovo**	[di nu'ovo]
voor eeuwig (bw)	**per sempre**	[per 'sempre]
nooit (bw)	**mai**	[maj]

weer (bw)	ancora	[an'kora]
nu (bw)	adesso	[a'desso]
vaak (bw)	spesso	['spesso]
toen (bw)	allora	[al'lora]
urgent (bw)	urgentemente	[urdʒente'mente]
meestal (bw)	di solito	[di 'solito]

trouwens, ... (tussen haakjes)	a proposito, ...	[a pro'pozito]
mogelijk (bw)	è possibile	[e pos'sibile]
waarschijnlijk (bw)	probabilmente	[probabil'mente]
misschien (bw)	forse	['forse]
trouwens (bw)	inoltre ...	[i'noltre]
daarom ...	ecco perché ...	['ekko per'ke]
in weerwil van ...	nonostante	[nono'stante]
dankzij ...	grazie a ...	['gratsie a]

wat (vn)	che cosa	[ke 'koza]
dat (vw)	che	[ke]
iets (vn)	qualcosa	[kwal'koza]
iets	qualcosa	[kwal'koza]
niets (vn)	niente	['njente]

wie (~ is daar?)	chi	[ki]
iemand (een onbekende)	qualcuno	[kwal'kuno]
iemand (een bepaald persoon)	qualcuno	[kwal'kuno]

niemand (vn)	nessuno	[nes'suno]
nergens (bw)	da nessuna parte	[da nes'suna 'parte]
niemands (bn)	di nessuno	[di nes'suno]
iemands (bn)	di qualcuno	[di kwal'kuno]

zo (Ik ben ~ blij)	così	[ko'zi]
ook (evenals)	anche	['aŋke]
alsook (eveneens)	anche, pure	['aŋke], ['pure]

15. Functiewoorden. Bijwoorden. Deel 2

Waarom?	Perché?	[per'ke]
om een bepaalde reden	per qualche ragione	[per 'kwalke ra'dʒone]
omdat ...	perché ...	[per'ke]
voor een bepaald doel	per qualche motivo	[per 'kwalke mo'tivo]

en (vw)	e	[e]
of (vw)	o ...	[o]
maar (vw)	ma	[ma]
voor (vz)	per	[per]

te (~ veel mensen)	troppo	['troppo]
alleen (bw)	solo	['solo]
precies (bw)	esattamente	[ezatta'mente]
ongeveer (~ 10 kg)	circa	['tʃirka]
omstreeks (bw)	approssimativamente	[approsimativa'mente]

bij benadering (bn)	approssimativo	[approssima'tivo]
bijna (bw)	quasi	['kwazi]
rest (de)	resto (m)	['resto]
elk (bn)	ogni	['oɲi]
om het even welk	qualsiasi	[kwal'siazi]
veel mensen	molta gente	['molta 'dʒente]
iedereen (alle personen)	tutto, tutti	['tutto], ['tutti]
in ruil voor ...	in cambio di ...	[in 'kambio di]
in ruil (bw)	in cambio	[in 'kambio]
met de hand (bw)	a mano	[a 'mano]
onwaarschijnlijk (bw)	poco probabile	['poko pro'babile]
waarschijnlijk (bw)	probabilmente	[probabil'mente]
met opzet (bw)	apposta	[ap'posta]
toevallig (bw)	per caso	[per 'kazo]
zeer (bw)	molto	['molto]
bijvoorbeeld (bw)	per esempio	[per e'zempjo]
tussen (~ twee steden)	fra	[fra]
tussen (te midden van)	fra	[fra]
zoveel (bw)	tanto	['tanto]
vooral (bw)	soprattutto	[sopra'tutto]

Basisbegrippen Deel 2

16. Dagen van de week

maandag (de)	lunedì (m)	[lune'di]
dinsdag (de)	martedì (m)	[marte'di]
woensdag (de)	mercoledì (m)	[merkole'di]
donderdag (de)	giovedì (m)	[dʒove'di]
vrijdag (de)	venerdì (m)	[vener'di]
zaterdag (de)	sabato (m)	['sabato]
zondag (de)	domenica (f)	[do'menika]

vandaag (bw)	oggi	['odʒi]
morgen (bw)	domani	[do'mani]
overmorgen (bw)	dopodomani	[dopodo'mani]
gisteren (bw)	ieri	['jeri]
eergisteren (bw)	l'altro ieri	['laltro 'jeri]

dag (de)	giorno (m)	['dʒorno]
werkdag (de)	giorno (m) lavorativo	['dʒorno lavora'tivo]
feestdag (de)	giorno (m) festivo	['dʒorno fes'tivo]
verlofdag (de)	giorno (m) di riposo	['dʒorno di ri'pozo]
weekend (het)	fine (m) settimana	['fine setti'mana]

de hele dag (bw)	tutto il giorno	['tutto il 'dʒorno]
de volgende dag (bw)	l'indomani	[lindo'mani]
twee dagen geleden	due giorni fa	['due 'dʒorni fa]
aan de vooravond (bw)	il giorno prima	[il 'dʒorno 'prima]
dag-, dagelijks (bn)	quotidiano	[kwoti'djano]
elke dag (bw)	ogni giorno	['oɲi 'dʒorno]

week (de)	settimana (f)	[setti'mana]
vorige week (bw)	la settimana scorsa	[la setti'mana 'skorsa]
volgende week (bw)	la settimana prossima	[la setti'mana 'prossima]
wekelijks (bn)	settimanale	[settima'nale]
elke week (bw)	ogni settimana	['oɲi setti'mana]
twee keer per week	due volte alla settimana	['due 'volte 'alla setti'mana]
elke dinsdag	ogni martedì	['oɲi marte'di]

17. Uren. Dag en nacht

morgen (de)	mattina (f)	[mat'tina]
's morgens (bw)	di mattina	[di mat'tina]
middag (de)	mezzogiorno (m)	[meddzo'dʒorno]
's middags (bw)	nel pomeriggio	[nel pome'ridʒo]

avond (de)	sera (f)	['sera]
's avonds (bw)	di sera	[di 'sera]

nacht (de)	notte (f)	['notte]
's nachts (bw)	di notte	[di 'notte]
middernacht (de)	mezzanotte (f)	[medʣa'notte]

seconde (de)	secondo (m)	[se'kondo]
minuut (de)	minuto (m)	[mi'nuto]
uur (het)	ora (f)	['ora]
halfuur (het)	mezzora (f)	[med'dzora]
kwartier (het)	un quarto d'ora	[un 'kwarto 'dora]
vijftien minuten	quindici minuti	['kwinditʃi mi'nuti]
etmaal (het)	ventiquattro ore	[venti'kwattro 'ore]

zonsopgang (de)	levata (f) del sole	[le'vata del 'sole]
dageraad (de)	alba (f)	['alba]
vroege morgen (de)	mattutino (m)	[mattu'tino]
zonsondergang (de)	tramonto (m)	[tra'monto]

's morgens vroeg (bw)	di buon mattino	[di bu'on mat'tino]
vanmorgen (bw)	stamattina	[stamat'tina]
morgenochtend (bw)	domattina	[domat'tina]
vanmiddag (bw)	oggi pomeriggio	['odʒi pome'ridʒo]
's middags (bw)	nel pomeriggio	[nel pome'ridʒo]
morgenmiddag (bw)	domani pomeriggio	[do'mani pome'ridʒo]
vanavond (bw)	stasera	[sta'sera]
morgenavond (bw)	domani sera	[do'mani 'sera]

klokslag drie uur	alle tre precise	['alle tre pre'tʃize]
ongeveer vier uur	verso le quattro	['verso le 'kwattro]
tegen twaalf uur	per le dodici	[per le 'doditʃi]

over twintig minuten	fra venti minuti	[fra 'venti mi'nuti]
over een uur	fra un'ora	[fra un 'ora]
op tijd (bw)	puntualmente	[puntual'mente]

kwart voor ...	un quarto di ...	[un 'kwarto di]
binnen een uur	entro un'ora	['entro un 'ora]
elk kwartier	ogni quindici minuti	['oɲi 'kwinditʃi mi'nuti]
de klok rond	giorno e notte	['dʒorno e 'notte]

18. Maanden. Seizoenen

januari (de)	gennaio (m)	[dʒen'najo]
februari (de)	febbraio (m)	[feb'brajo]
maart (de)	marzo (m)	['martso]
april (de)	aprile (m)	[a'prile]
mei (de)	maggio (m)	['madʒo]
juni (de)	giugno (m)	['dʒuɲo]

juli (de)	luglio (m)	['luʎʎo]
augustus (de)	agosto (m)	[a'gosto]
september (de)	settembre (m)	[set'tembre]
oktober (de)	ottobre (m)	[ot'tobre]
november (de)	novembre (m)	[no'vembre]
december (de)	dicembre (m)	[di'tʃembre]

lente (de)	primavera (f)	[prima'vera]
in de lente (bw)	in primavera	[in prima'vera]
lente- (abn)	primaverile	[primave'rile]
zomer (de)	estate (f)	[e'state]
in de zomer (bw)	in estate	[in e'state]
zomer-, zomers (bn)	estivo	[e'stivo]
herfst (de)	autunno (m)	[au'tunno]
in de herfst (bw)	in autunno	[in au'tunno]
herfst- (abn)	autunnale	[autun'nale]
winter (de)	inverno (m)	[in'verno]
in de winter (bw)	in inverno	[in in'verno]
winter- (abn)	invernale	[inver'nale]
maand (de)	mese (m)	['meze]
deze maand (bw)	questo mese	['kwesto 'meze]
volgende maand (bw)	il mese prossimo	[il 'meze 'prossimo]
vorige maand (bw)	il mese scorso	[il 'meze 'skorso]
een maand geleden (bw)	un mese fa	[un 'meze fa]
over een maand (bw)	fra un mese	[fra un 'meze]
over twee maanden (bw)	fra due mesi	[fra 'due 'mezi]
de hele maand (bw)	un mese intero	[un 'meze in'tero]
een volle maand (bw)	per tutto il mese	[per 'tutto il 'meze]
maand-, maandelijks (bn)	mensile	[men'sile]
maandelijks (bw)	mensilmente	[mensil'mente]
elke maand (bw)	ogni mese	['oɲi 'meze]
twee keer per maand	due volte al mese	['due 'volte al 'meze]
jaar (het)	anno (m)	['anno]
dit jaar (bw)	quest'anno	[kwest'anno]
volgend jaar (bw)	l'anno prossimo	['lanno 'prossimo]
vorig jaar (bw)	l'anno scorso	['lanno 'skorso]
een jaar geleden (bw)	un anno fa	[un 'anno fa]
over een jaar	fra un anno	[fra un 'anno]
over twee jaar	fra due anni	[fra 'due 'anni]
het hele jaar	un anno intero	[un 'anno in'tero]
een vol jaar	per tutto l'anno	[per 'tutto 'lanno]
elk jaar	ogni anno	['oɲi 'anno]
jaar-, jaarlijks (bn)	annuale	[annu'ale]
jaarlijks (bw)	annualmente	[annual'mente]
4 keer per jaar	quattro volte all'anno	['kwattro 'volte all 'anno]
datum (de)	data (f)	['data]
datum (de)	data (f)	['data]
kalender (de)	calendario (m)	[kalen'dario]
een half jaar	mezz'anno (m)	[med'dzanno]
zes maanden	semestre (m)	[se'mestre]
seizoen (bijv. lente, zomer)	stagione (f)	[sta'dʒone]
eeuw (de)	secolo (m)	['sekolo]

19. Tijd. Diversen

tijd (de)	tempo (m)	['tempo]
ogenblik (het)	istante (m)	[i'stante]
moment (het)	momento (m)	[mo'mento]
ogenblikkelijk (bn)	istantaneo	[istan'taneo]
tijdsbestek (het)	periodo (m)	[pe'riodo]
leven (het)	vita (f)	['vita]
eeuwigheid (de)	eternità (f)	[eterni'ta]
epoche (de), tijdperk (het)	epoca (f)	['epoka]
era (de), tijdperk (het)	era (f)	['era]
cyclus (de)	ciclo (m)	['tʃiklo]
periode (de)	periodo (m)	[pe'riodo]
termijn (vastgestelde periode)	scadenza (f)	[ska'dentsa]
toekomst (de)	futuro (m)	[fu'turo]
toekomstig (bn)	futuro	[fu'turo]
de volgende keer	la prossima volta	[la 'prossima 'volta]
verleden (het)	passato (m)	[pas'sato]
vorig (bn)	scorso	['skorso]
de vorige keer	la volta scorsa	[la 'volta 'skorsa]
later (bw)	più tardi	[pju 'tardi]
na (~ het diner)	dopo	['dopo]
tegenwoordig (bw)	oggigiorno	[odʒi'dʒorno]
nu (bw)	adesso, ora	[a'desso], [ora]
onmiddellijk (bw)	subito	['subito]
snel (bw)	fra poco, presto	[fra 'poko], ['presto]
bij voorbaat (bw)	in anticipo	[in an'titʃipo]
lang geleden (bw)	tanto tempo fa	['tanto 'tempo fa]
kort geleden (bw)	di recente	[di re'tʃente]
noodlot (het)	destino (m)	[de'stino]
herinneringen (mv.)	ricordi (m pl)	[ri'kordi]
archief (het)	archivio (m)	[ar'kiwio]
tijdens ... (ten tijde van)	durante ...	[du'rante]
lang (bw)	a lungo	[a 'lungo]
niet lang (bw)	per poco tempo	[per 'poko 'tempo]
vroeg (bijv. ~ in de ochtend)	presto	['presto]
laat (bw)	tardi	['tardi]
voor altijd (bw)	per sempre	[per 'sempre]
beginnen (ww)	cominciare (vt)	[komin'tʃare]
uitstellen (ww)	posticipare (vt)	[postitʃi'pare]
tegelijkertijd (bw)	simultaneamente	[simultanea'mento]
voortdurend (bw)	tutto il tempo	['tutto il 'tempo]
voortdurend	costante	[ko'stante]
tijdelijk (bn)	temporaneo	[tempo'raneo]
soms (bw)	a volte	[a 'volte]
zelden (bw)	raramente	[rara'mente]
vaak (bw)	spesso	['spesso]

20. Tegenovergestelden

rijk (bn)	**ricco**	['rikko]
arm (bn)	**povero**	['povero]
ziek (bn)	**malato**	[ma'lato]
gezond (bn)	**sano**	['sano]
groot (bn)	**grande**	['grande]
klein (bn)	**piccolo**	['pikkolo]
snel (bw)	**rapidamente**	[rapida'mente]
langzaam (bw)	**lentamente**	[lenta'mente]
snel (bn)	**veloce**	[ve'lotʃe]
langzaam (bn)	**lento**	['lento]
vrolijk (bn)	**allegro**	[al'legro]
treurig (bn)	**triste**	['triste]
samen (bw)	**insieme**	[in'sjeme]
apart (bw)	**separatamente**	[separata'mente]
hardop (~ lezen)	**ad alta voce**	[ad 'alta 'votʃe]
stil (~ lezen)	**in silenzio**	[in si'lentsio]
hoog (bn)	**alto**	['alto]
laag (bn)	**basso**	['basso]
diep (bn)	**profondo**	[pro'fondo]
ondiep (bn)	**basso**	['basso]
ja	**sì**	[si]
nee	**no**	[no]
ver (bn)	**lontano**	[lon'tano]
dicht (bn)	**vicino**	[vi'tʃino]
ver (bw)	**lontano**	[lon'tano]
dichtbij (bw)	**vicino**	[vi'tʃino]
lang (bn)	**lungo**	['lungo]
kort (bn)	**corto**	['korto]
vriendelijk (goedhartig)	**buono**	[bu'ono]
kwaad (bn)	**cattivo**	[kat'tivo]
gehuwd (mann.)	**sposato**	[spo'zato]
ongehuwd (mann.)	**celibe**	['tʃelibe]
verbieden (ww)	**vietare** (vt)	[vje'tare]
toestaan (ww)	**permettere** (vt)	[per'mettere]
einde (het)	**fine** (f)	['fine]
begin (het)	**inizio** (m)	[i'nitsio]

| linker (bn) | sinistro | [si'nistro] |
| rechter (bn) | destro | ['destro] |

| eerste (bn) | primo | ['primo] |
| laatste (bn) | ultimo | ['ultimo] |

| misdaad (de) | delitto (m) | [de'litto] |
| bestraffing (de) | punizione (f) | [puni'tsjone] |

| bevelen (ww) | ordinare (vt) | [ordi'nare] |
| gehoorzamen (ww) | obbedire (vi) | [obbe'dire] |

| recht (bn) | dritto | ['dritto] |
| krom (bn) | curvo | ['kurvo] |

| paradijs (het) | paradiso (m) | [para'dizo] |
| hel (de) | inferno (m) | [in'ferno] |

| geboren worden (ww) | nascere (vi) | ['naʃere] |
| sterven (ww) | morire (vi) | [mo'rire] |

| sterk (bn) | forte | ['forte] |
| zwak (bn) | debole | ['debole] |

| oud (bn) | vecchio | ['vekkio] |
| jong (bn) | giovane | ['dʒovane] |

| oud (bn) | vecchio | ['vekkio] |
| nieuw (bn) | nuovo | [nu'ovo] |

| hard (bn) | duro | ['duro] |
| zacht (bn) | morbido | ['morbido] |

| warm (bn) | caldo | ['kaldo] |
| koud (bn) | freddo | ['freddo] |

| dik (bn) | grasso | ['grasso] |
| dun (bn) | magro | ['magro] |

| smal (bn) | stretto | ['stretto] |
| breed (bn) | largo | ['largo] |

| goed (bn) | buono | [bu'ono] |
| slecht (bn) | cattivo | [kat'tivo] |

| moedig (bn) | valoroso | [valo'rozo] |
| laf (bn) | codardo | [ko'dardo] |

21. Lijnen en vormen

vierkant (het)	quadrato (m)	[kwa'drato]
vierkant (bn)	quadrato	[kwa'drato]
cirkel (de)	cerchio (m)	['tʃerkio]
rond (bn)	rotondo	[ro'tondo]

driehoek (de)	triangolo (m)	[tri'angolo]
driehoekig (bn)	triangolare	[triango'lare]

ovaal (het)	ovale (m)	[o'vale]
ovaal (bn)	ovale	[o'vale]
rechthoek (de)	rettangolo (m)	[ret'tangolo]
rechthoekig (bn)	rettangolare	[rettango'lare]

piramide (de)	piramide (f)	[pi'ramide]
ruit (de)	rombo (m)	['rombo]
trapezium (het)	trapezio (m)	[tra'petsio]
kubus (de)	cubo (m)	['kubo]
prisma (het)	prisma (m)	['prizma]

omtrek (de)	circonferenza (f)	[tʃirkonfe'rentsa]
bol, sfeer (de)	sfera (f)	['sfera]
bal (de)	palla (f)	['palla]

diameter (de)	diametro (m)	[di'ametro]
straal (de)	raggio (m)	['radʒo]
omtrek (~ van een cirkel)	perimetro (m)	[pe'rimetro]
middelpunt (het)	centro (m)	['tʃentro]

horizontaal (bn)	orizzontale	[oriddzon'tale]
verticaal (bn)	verticale	[verti'kale]
parallel (de)	parallela (f)	[paral'lela]
parallel (bn)	parallelo	[paral'lelo]

lijn (de)	linea (f)	['linea]
streep (de)	tratto (m)	['tratto]
rechte lijn (de)	linea (f) retta	['linea 'retta]
kromme (de)	linea (f) curva	['linea 'kurva]
dun (bn)	sottile	[sot'tile]
omlijning (de)	contorno (m)	[kon'torno]

snijpunt (het)	intersezione (f)	[interse'tsjone]
rechte hoek (de)	angolo (m) retto	['angolo 'retto]
segment (het)	segmento	[seg'mento]
sector (de)	settore (m)	[set'tore]
zijde (de)	lato (m)	['lato]
hoek (de)	angolo (m)	['angolo]

22. Meeteenheden

gewicht (het)	peso (m)	['pezo]
lengte (de)	lunghezza (f)	[lun'gettsa]
breedte (de)	larghezza (f)	[lar'gettsa]
hoogte (de)	altezza (f)	[al'tettsa]
diepte (de)	profondità (f)	[profondi'ta]
volume (het)	volume (m)	[vo'lume]
oppervlakte (de)	area (f)	['area]

gram (het)	grammo (m)	['grammo]
milligram (het)	milligrammo (m)	[milli'grammo]

kilogram (het)	chilogrammo (m)	[kilo'grammo]
ton (duizend kilo)	tonnellata (f)	[tonnel'lata]
pond (het)	libbra (f)	['libbra]
ons (het)	oncia (f)	['ontʃa]

meter (de)	metro (m)	['metro]
millimeter (de)	millimetro (m)	[mil'limetro]
centimeter (de)	centimetro (m)	[tʃen'timetro]
kilometer (de)	chilometro (m)	[ki'lometro]
mijl (de)	miglio (m)	['miʎʎo]

duim (de)	pollice (m)	['pollitʃe]
voet (de)	piede (f)	['pjede]
yard (de)	iarda (f)	[jarda]

vierkante meter (de)	metro (m) quadro	['metro 'kwadro]
hectare (de)	ettaro (m)	['ettaro]

liter (de)	litro (m)	['litro]
graad (de)	grado (m)	['grado]
volt (de)	volt (m)	[volt]
ampère (de)	ampere (m)	[am'pere]
paardenkracht (de)	cavallo vapore (m)	[ka'vallo va'pore]

hoeveelheid (de)	quantità (f)	[kwanti'ta]
een beetje ...	un po'di ...	[un po di]
helft (de)	metà (f)	[me'ta]
dozijn (het)	dozzina (f)	[dod'dzina]
stuk (het)	pezzo (m)	['pettso]

afmeting (de)	dimensione (f)	[dimen'sjone]
schaal (bijv. ~ van 1 op 50)	scala (f)	['skala]

minimaal (bn)	minimo	['minimo]
minste (bn)	minore	[mi'nore]
medium (bn)	medio	['medio]
maximaal (bn)	massimo	['massimo]
grootste (bn)	maggiore	[ma'dʒore]

23. Containers

glazen pot (de)	barattolo (m) di vetro	[ba'rattolo di 'vetro]
blik (conserven~)	latta (f), lattina (f)	['latta], [lat'tina]
emmer (de)	secchio (m)	['sekkio]
ton (bijv. regenton)	barile (m), botte (f)	[ba'rile], ['botte]

ronde waterbak (de)	catino (m)	[ka'tino]
tank (bijv. watertank-70-ltr)	serbatoio (m)	[serba'tojo]
heupfles (de)	fiaschetta (f)	[fias'ketta]
jerrycan (de)	tanica (f)	['tanika]
tank (bijv. ketelwagen)	cisterna (f)	[tʃi'sterna]

beker (de)	tazza (f)	['tattsa]
kopje (het)	tazzina (f)	[tat'tsina]

schoteltje (het)	piattino (m)	[pjat'tino]
glas (het)	bicchiere (m)	[bik'kjere]
wijnglas (het)	calice (m)	['kalitʃe]
pan (de)	casseruola (f)	[kasseru'ola]

| fles (de) | bottiglia (f) | [bot'tiʎʎa] |
| flessenhals (de) | collo (m) | ['kollo] |

karaf (de)	caraffa (f)	[ka'raffa]
kruik (de)	brocca (f)	['brokka]
vat (het)	recipiente (m)	[retʃi'pjente]
pot (de)	vaso (m) di coccio	['vazo di 'kotʃo]
vaas (de)	vaso (m)	['vazo]

flacon (de)	boccetta (f)	[bo'tʃetta]
flesje (het)	fiala (f)	[fi'ala]
tube (bijv. ~ tandpasta)	tubetto (m)	[tu'betto]

zak (bijv. ~ aardappelen)	sacco (m)	['sakko]
tasje (het)	sacchetto (m)	[sak'ketto]
pakje (~ sigaretten, enz.)	pacchetto (m)	[pak'ketto]

doos (de)	scatola (f)	['skatola]
kist (de)	cassa (f)	['kassa]
mand (de)	cesta (f)	['tʃesta]

24. Materialen

materiaal (het)	materiale (m)	[mate'rjale]
hout (het)	legno (m)	['leɲo]
houten (bn)	di legno	[di 'leɲo]

| glas (het) | vetro (m) | ['vetro] |
| glazen (bn) | di vetro | [di 'vetro] |

| steen (de) | pietra (f) | ['pjetra] |
| stenen (bn) | di pietra | [di 'pjetra] |

| plastic (het) | plastica (f) | ['plastika] |
| plastic (bn) | di plastica | [di 'plastika] |

| rubber (het) | gomma (f) | ['gomma] |
| rubber-, rubberen (bn) | di gomma | [di 'gomma] |

| stof (de) | stoffa (f) | ['stoffa] |
| van stof (bn) | di stoffa | [di 'stoffa] |

| papier (het) | carta (f) | ['karta] |
| papieren (bn) | di carta | [di 'karta] |

karton (het)	cartone (m)	[kar'tone]
kartonnen (bn)	di cartone	[di kar'tone]
polyethyleen (het)	polietilene (m)	[polieti'lene]
cellofaan (het)	cellofan (m)	['tʃellofan]

multiplex (het)	**legno** (m) **compensato**	['leɲo kompen'sato]
porselein (het)	**porcellana** (f)	[portʃel'lana]
porseleinen (bn)	**di porcellana**	[di portʃel'lana]
klei (de)	**argilla** (f)	[ar'dʒilla]
klei-, van klei (bn)	**d'argilla**	[dar'dʒilla]
keramiek (de)	**ceramica** (f)	[tʃe'ramika]
keramieken (bn)	**ceramico**	[tʃe'ramiko]

25. Metalen

metaal (het)	**metallo** (m)	[me'tallo]
metalen (bn)	**metallico**	[me'talliko]
legering (de)	**lega** (f)	['lega]

goud (het)	**oro** (m)	['oro]
gouden (bn)	**d'oro**	['doro]
zilver (het)	**argento** (m)	[ar'dʒento]
zilveren (bn)	**d'argento**	[dar'dʒento]

ijzer (het)	**ferro** (m)	['ferro]
ijzeren	**di ferro**	[di 'ferro]
staal (het)	**acciaio** (m)	[a'tʃajo]
stalen (bn)	**d'acciaio**	[da'tʃajo]
koper (het)	**rame** (m)	['rame]
koperen (bn)	**di rame**	[di 'rame]

aluminium (het)	**alluminio** (m)	[allu'minio]
aluminium (bn)	**di alluminio**	[allu'minio]
brons (het)	**bronzo** (m)	['brondzo]
bronzen (bn)	**di bronzo**	[di 'brondzo]

messing (het)	**ottone** (m)	[ot'tone]
nikkel (het)	**nichel** (m)	['nikel]
platina (het)	**platino** (m)	['platino]
kwik (het)	**mercurio** (m)	[mer'kurio]
tin (het)	**stagno** (m)	['staɲo]
lood (het)	**piombo** (m)	['pjombo]
zink (het)	**zinco** (m)	['dzinko]

MENS

Mens. Het lichaam

26. Mensen. Basisbegrippen

mens (de)	uomo (m), essere umano (m)	[u'omo], ['essere u'mano]
man (de)	uomo (m)	[u'omo]
vrouw (de)	donna (f)	['donna]
kind (het)	bambino (m)	[bam'bino]
meisje (het)	bambina (f)	[bam'bina]
jongen (de)	bambino (m)	[bam'bino]
tiener, adolescent (de)	adolescente (m, f)	[adole'ʃente]
oude man (de)	vecchio (m)	['vekkio]
oude vrouw (de)	vecchia (f)	['vekkia]

27. Menselijke anatomie

organisme (het)	organismo (m)	[orga'nizmo]
hart (het)	cuore (m)	[ku'ore]
bloed (het)	sangue (m)	['sangue]
slagader (de)	arteria (f)	[ar'teria]
ader (de)	vena (f)	['vena]
hersenen (mv.)	cervello (m)	[tʃer'vello]
zenuw (de)	nervo (m)	['nervo]
zenuwen (mv.)	nervi (m pl)	['nervi]
wervel (de)	vertebra (f)	['vertebra]
ruggengraat (de)	colonna (f) vertebrale	[ko'lonna verte'brale]
maag (de)	stomaco (m)	['stomako]
darmen (mv.)	intestini (m pl)	[inte'stini]
darm (de)	intestino (m)	[inte'stino]
lever (de)	fegato (m)	['fegato]
nier (de)	rene (m)	['rene]
been (deel van het skelet)	osso (m)	['osso]
skelet (het)	scheletro (m)	['skeletro]
rib (de)	costola (f)	['kostola]
schedel (de)	cranio (m)	['kranio]
spier (de)	muscolo (m)	['muskolo]
biceps (de)	bicipite (m)	[bitʃi'pite]
triceps (de)	tricipite (m)	[tritʃi'pite]
pees (de)	tendine (m)	['tendine]
gewricht (het)	articolazione (f)	[artikola'tsjone]

longen (mv.)	polmoni (m pl)	[pol'moni]
geslachtsorganen (mv.)	genitali (m pl)	[dʒeni'tali]
huid (de)	pelle (f)	['pelle]

28. Hoofd

hoofd (het)	testa (f)	['testa]
gezicht (het)	viso (m)	['vizo]
neus (de)	naso (m)	['nazo]
mond (de)	bocca (f)	['bokka]

oog (het)	occhio (m)	['okkio]
ogen (mv.)	occhi (m pl)	['okki]
pupil (de)	pupilla (f)	[pu'pilla]
wenkbrauw (de)	sopracciglio (m)	[sopra'tʃiʎʎo]
wimper (de)	ciglio (m)	['tʃiʎʎo]
ooglid (het)	palpebra (f)	['palpebra]

tong (de)	lingua (f)	['lingua]
tand (de)	dente (m)	['dente]
lippen (mv.)	labbra (f pl)	['labbra]
jukbeenderen (mv.)	zigomi (m pl)	['dzigomi]
tandvlees (het)	gengiva (f)	[dʒen'dʒiva]
gehemelte (het)	palato (m)	[pa'lato]

neusgaten (mv.)	narici (f pl)	[na'ritʃi]
kin (de)	mento (m)	['mento]
kaak (de)	mascella (f)	[ma'ʃella]
wang (de)	guancia (f)	['gwantʃa]

voorhoofd (het)	fronte (f)	['fronte]
slaap (de)	tempia (f)	['tempia]
oor (het)	orecchio (m)	[o'rekkio]
achterhoofd (het)	nuca (f)	['nuka]
hals (de)	collo (m)	['kollo]
keel (de)	gola (f)	['gola]

haren (mv.)	capelli (m pl)	[ka'pelli]
kapsel (het)	pettinatura (f)	[pettina'tura]
haarsnit (de)	taglio (m)	['taʎʎo]
pruik (de)	parrucca (f)	['parrukka]

snor (de)	baffi (m pl)	['baffi]
baard (de)	barba (f)	['barba]
dragen (een baard, enz.)	portare (vt)	[por'tare]
vlecht (de)	treccia (f)	['tretʃa]
bakkebaarden (mv.)	basette (f pl)	[ba'zette]

ros (roodachtig, rossig)	rosso	['rosso]
grijs (~ haar)	brizzolato	[brittso'lato]
kaal (bn)	calvo	['kalvo]
kale plek (de)	calvizie (f)	[kal'vitsie]
paardenstaart (de)	coda (f) di cavallo	['koda di ka'vallo]
pony (de)	frangetta (f)	[fran'dʒetta]

29. Menselijk lichaam

hand (de)	mano (f)	['mano]
arm (de)	braccio (m)	['bratʃo]
vinger (de)	dito (m)	['dito]
teen (de)	dito (m) del piede	['dito del 'pjede]
duim (de)	pollice (m)	['pollitʃe]
pink (de)	mignolo (m)	[mi'ɲolo]
nagel (de)	unghia (f)	['ungia]
vuist (de)	pugno (m)	['puɲo]
handpalm (de)	palmo (m)	['palmo]
pols (de)	polso (m)	['polso]
voorarm (de)	avambraccio (m)	[avam'bratʃo]
elleboog (de)	gomito (m)	['gomito]
schouder (de)	spalla (f)	['spalla]
been (rechter ~)	gamba (f)	['gamba]
voet (de)	pianta (f) del piede	['pjanta del 'pjede]
knie (de)	ginocchio (m)	[dʒi'nokkio]
kuit (de)	polpaccio (m)	[pol'patʃo]
heup (de)	anca (f)	['anka]
hiel (de)	tallone (m)	[tal'lone]
lichaam (het)	corpo (m)	['korpo]
buik (de)	pancia (f)	['pantʃa]
borst (de)	petto (m)	['petto]
borst (de)	seno (m)	['seno]
zijde (de)	fianco (m)	['fjanko]
rug (de)	schiena (f)	['skjena]
lage rug (de)	zona (f) lombare	['dzona lom'bare]
taille (de)	vita (f)	['vita]
navel (de)	ombelico (m)	[ombe'liko]
billen (mv.)	natiche (f pl)	['natike]
achterwerk (het)	sedere (m)	[se'dere]
huidvlek (de)	neo (m)	['neo]
moedervlek (de)	voglia (f)	['voʎʎa]
tatoeage (de)	tatuaggio (m)	[tatu'adʒo]
litteken (het)	cicatrice (f)	[tʃika'tritʃe]

Kleding en accessoires

30. Bovenkleding. Jassen

kleren (mv.)	vestiti (m pl)	[ve'stiti]
bovenkleding (de)	soprabito (m)	[so'prabito]
winterkleding (de)	abiti (m pl) invernali	['abiti inver'nali]
jas (de)	cappotto (m)	[kap'potto]
bontjas (de)	pelliccia (f)	[pel'litʃa]
bontjasje (het)	pellicciotto (m)	[pelli'tʃotto]
donzen jas (de)	piumino (m)	[pju'mino]
jasje (bijv. een leren ~)	giubbotto (m), giaccha (f)	[dʒub'botto], ['dʒakka]
regenjas (de)	impermeabile (m)	[imperme'abile]
waterdicht (bn)	impermeabile	[imperme'abile]

31. Heren & dames kleding

overhemd (het)	camicia (f)	[ka'mitʃa]
broek (de)	pantaloni (m pl)	[panta'loni]
jeans (de)	jeans (m pl)	['dʒins]
colbert (de)	giacca (f)	['dʒakka]
kostuum (het)	abito (m) da uomo	['abito da u'omo]
jurk (de)	abito (m)	['abito]
rok (de)	gonna (f)	['gonna]
blouse (de)	camicetta (f)	[kami'tʃetta]
wollen vest (de)	giacca (f) a maglia	['dʒakka a 'maʎʎa]
blazer (kort jasje)	giacca (f) tailleur	['dʒakka ta'jer]
T-shirt (het)	maglietta (f)	[maʎ'ʎetta]
shorts (mv.)	pantaloni (m pl) corti	[panta'loni 'korti]
trainingspak (het)	tuta (f) sportiva	['tuta spor'tiva]
badjas (de)	accappatoio (m)	[akkappa'tojo]
pyjama (de)	pigiama (m)	[pi'dʒama]
sweater (de)	maglione (m)	[maʎ'ʎone]
pullover (de)	pullover (m)	[pul'lover]
gilet (het)	gilè (m)	[dʒi'le]
rokkostuum (het)	frac (m)	[frak]
smoking (de)	smoking (m)	['zmoking]
uniform (het)	uniforme (f)	[uni'forme]
werkkleding (de)	tuta (f) da lavoro	['tuta da la'voro]
overall (de)	salopette (f)	[salo'pett]
doktersjas (de)	camice (m)	[ka'mitʃe]

32. Kleding. Ondergoed

ondergoed (het)	intimo (m)	['intimo]
herenslip (de)	boxer briefs (m)	['bokser brifs]
slipjes (mv.)	mutandina (f)	[mutan'dina]
onderhemd (het)	maglietta (f) intima	[maʎ'ʎetta 'intima]
sokken (mv.)	calzini (m pl)	[kal'tsini]
nachthemd (het)	camicia (f) da notte	[ka'mitʃa da 'notte]
beha (de)	reggiseno (m)	[redʒi'seno]
kniekousen (mv.)	calzini (m pl) alti	[kal'tsini 'alti]
panty (de)	collant (m)	[kol'lant]
nylonkousen (mv.)	calze (f pl)	['kaltse]
badpak (het)	costume (m) da bagno	[ko'stume da 'baɲo]

33. Hoofddeksels

hoed (de)	cappello (m)	[kap'pello]
deukhoed (de)	cappello (m) di feltro	[kap'pello di feltro]
honkbalpet (de)	cappello (m) da baseball	[kap'pello da 'bejzbol]
kleppet (de)	coppola (f)	['koppola]
baret (de)	basco (m)	['basko]
kap (de)	cappuccio (m)	[kap'putʃo]
panamahoed (de)	panama (m)	['panama]
gebreide muts (de)	berretto (m) a maglia	[ber'retto a 'maʎʎa]
hoofddoek (de)	fazzoletto (m) da capo	[fattso'letto da 'kapo]
dameshoed (de)	cappellino (m) donna	[kappel'lino 'donna]
veiligheidshelm (de)	casco (m)	['kasko]
veldmuts (de)	bustina (f)	[bu'stina]
helm, valhelm (de)	casco (m)	['kasko]
bolhoed (de)	bombetta (f)	[bom'betta]
hoge hoed (de)	cilindro (m)	[tʃi'lindro]

34. Schoeisel

schoeisel (het)	calzature (f pl)	[kaltsa'ture]
schoenen (mv.)	stivaletti (m pl)	[stiva'letti]
vrouwenschoenen (mv.)	scarpe (f pl)	['skarpe]
laarzen (mv.)	stivali (m pl)	[sti'vali]
pantoffels (mv.)	pantofole (f pl)	[pan'tofole]
sportschoenen (mv.)	scarpe (f pl) da tennis	['skarpe da 'tennis]
sneakers (mv.)	scarpe (f pl) da ginnastica	['skarpe da dʒin'nastika]
sandalen (mv.)	sandali (m pl)	['sandali]
schoenlapper (de)	calzolaio (m)	[kaltso'lajo]
hiel (de)	tacco (m)	['takko]

paar (een ~ schoenen)	**paio** (m)	['pajo]
veter (de)	**laccio** (m)	['latʃo]
rijgen (schoenen ~)	**allacciare** (vt)	[ala'tʃare]
schoenlepel (de)	**calzascarpe** (m)	[kaltsa'skarpe]
schoensmeer (de/het)	**lucido** (m) **per le scarpe**	['lutʃido per le 'skarpe]

35. Textiel. Weefsel

katoen (de/het)	**cotone** (m)	[ko'tone]
katoenen (bn)	**di cotone**	[di ko'tone]
vlas (het)	**lino** (m)	['lino]
vlas-, van vlas (bn)	**di lino**	[di 'lino]
zijde (de)	**seta** (f)	['seta]
zijden (bn)	**di seta**	[di 'seta]
wol (de)	**lana** (f)	['lana]
wollen (bn)	**di lana**	[di 'lana]
fluweel (het)	**velluto** (m)	[vel'luto]
suède (de)	**camoscio** (m)	[ka'moʃo]
ribfluweel (het)	**velluto** (m) **a coste**	[vel'luto a 'koste]
nylon (de/het)	**nylon** (m)	['najlon]
nylon-, van nylon (bn)	**di nylon**	[di 'najlon]
polyester (het)	**poliestere** (m)	[poli'estere]
polyester- (abn)	**di poliestere**	[di poli'estere]
leer (het)	**pelle** (f)	['pelle]
leren (van leer gemaak)	**di pelle**	[di 'pelle]
bont (het)	**pelliccia** (f)	[pel'litʃa]
bont- (abn)	**di pelliccia**	[di pel'litʃa]

36. Persoonlijke accessoires

handschoenen (mv.)	**guanti** (m pl)	['gwanti]
wanten (mv.)	**manopole** (f pl)	[ma'nopole]
sjaal (fleece ~)	**sciarpa** (f)	['ʃarpa]
bril (de)	**occhiali** (m pl)	[ok'kjali]
brilmontuur (het)	**montatura** (f)	[monta'tura]
paraplu (de)	**ombrello** (m)	[om'brello]
wandelstok (de)	**bastone** (m)	[ba'stone]
haarborstel (de)	**spazzola** (f) **per capelli**	['spattsola per ka'pelli]
waaier (de)	**ventaglio** (m)	[ven'taʎʎo]
das (de)	**cravatta** (f)	[kra'vatta]
strikje (het)	**cravatta** (f) **a farfalla**	[kra'vatta a far'falla]
bretels (mv.)	**bretelle** (f pl)	[bre'telle]
zakdoek (de)	**fazzoletto** (m)	[fattso'letto]
kam (de)	**pettine** (m)	['pettine]
haarspeldje (het)	**fermaglio** (m)	[fer'maʎʎo]

schuifspeldje (het)	**forcina** (f)	[for'tʃina]
gesp (de)	**fibbia** (f)	['fibbia]

broekriem (de)	**cintura** (f)	[tʃin'tura]
draagriem (de)	**spallina** (f)	[spal'lina]

handtas (de)	**borsa** (f)	['borsa]
damestas (de)	**borsetta** (f)	[bor'setta]
rugzak (de)	**zaino** (m)	['dzajno]

37. Kleding. Diversen

mode (de)	**moda** (f)	['moda]
de mode (bn)	**di moda**	[di 'moda]
kledingstilist (de)	**stilista** (m)	[sti'lista]

kraag (de)	**collo** (m)	['kollo]
zak (de)	**tasca** (f)	['taska]
zak- (abn)	**tascabile**	[ta'skabile]
mouw (de)	**manica** (f)	['manika]
lusje (het)	**asola** (f) **per appendere**	['azola per ap'pendere]
gulp (de)	**patta** (f)	['patta]

rits (de)	**cerniera** (f) **lampo**	[tʃer'njera 'lampo]
sluiting (de)	**chiusura** (f)	[kju'zura]
knoop (de)	**bottone** (m)	[bot'tone]
knoopsgat (het)	**occhiello** (m)	[ok'kjello]
losraken (bijv. knopen)	**staccarsi** (vr)	[stak'karsi]

naaien (kleren, enz.)	**cucire** (vi, vt)	[ku'tʃire]
borduren (ww)	**ricamare** (vi, vt)	[rika'mare]
borduursel (het)	**ricamo** (m)	[ri'kamo]
naald (de)	**ago** (m)	['ago]
draad (de)	**filo** (m)	['filo]
naad (de)	**cucitura** (f)	[kutʃi'tura]

vies worden (ww)	**sporcarsi** (vr)	[spor'karsi]
vlek (de)	**macchia** (f)	['makkia]
gekreukt raken (ov. kleren)	**sgualcirsi** (vr)	[zgwal'tʃirsi]
scheuren (ov.ww.)	**strappare** (vt)	[strap'pare]
mot (de)	**tarma** (f)	['tarma]

38. Persoonlijke verzorging. Schoonheidsmiddelen

tandpasta (de)	**dentifricio** (m)	[denti'fritʃo]
tandenborstel (de)	**spazzolino** (m) **da denti**	[spatso'lino da 'denti]
tanden poetsen (ww)	**lavarsi i denti**	[la'varsi i 'denti]

scheermes (het)	**rasoio** (m)	[ra'zojo]
scheerschuim (het)	**crema** (f) **da barba**	['krema da 'barba]
zich scheren (ww)	**rasarsi** (vr)	[ra'zarsi]
zeep (de)	**sapone** (m)	[sa'pone]

shampoo (de)	shampoo (m)	['ʃampo]
schaar (de)	forbici (f pl)	['forbitʃi]
nagelvijl (de)	limetta (f)	[li'metta]
nagelknipper (de)	tagliaunghie (m)	[taʎʎa'ungje]
pincet (het)	pinzette (f pl)	[pin'tsette]

cosmetica (mv.)	cosmetica (f)	[ko'zmetika]
masker (het)	maschera (f) di bellezza	['maskera di bel'lettsa]
manicure (de)	manicure (m)	[mani'kure]
manicure doen	fare la manicure	['fare la mani'kure]
pedicure (de)	pedicure (m)	[pedi'kure]

cosmetica tasje (het)	borsa (f) del trucco	['borsa del 'trukko]
poeder (de/het)	cipria (f)	['tʃipria]
poederdoos (de)	portacipria (m)	[porta·'tʃipria]
rouge (de)	fard (m)	[far]

parfum (de/het)	profumo (m)	[pro'fumo]
eau de toilet (de)	acqua (f) da toeletta	['akwa da toe'letta]
lotion (de)	lozione (f)	[lo'tsjone]
eau de cologne (de)	acqua (f) di Colonia	['akwa di ko'lonia]

oogschaduw (de)	ombretto (m)	[om'bretto]
oogpotlood (het)	eyeliner (m)	[aj'lajner]
mascara (de)	mascara (m)	[ma'skara]

lippenstift (de)	rossetto (m)	[ros'setto]
nagellak (de)	smalto (m)	['zmalto]
haarlak (de)	lacca (f) per capelli	['lakka per ka'pelli]
deodorant (de)	deodorante (m)	[deodo'rante]

crème (de)	crema (f)	['krema]
gezichtscrème (de)	crema (f) per il viso	['krema per il 'vizo]
handcrème (de)	crema (f) per le mani	['krema per le 'mani]
antirimpelcrème (de)	crema (f) antirughe	['krema anti'ruge]
dagcrème (de)	crema (f) da giorno	['krema da 'dʒorno]
nachtcrème (de)	crema (f) da notte	['krema da 'notte]
dag- (abn)	da giorno	[da 'dʒorno]
nacht- (abn)	da notte	[da 'notte]

tampon (de)	tampone (m)	[tam'pone]
toiletpapier (het)	carta (f) igienica	['karta i'dʒenika]
föhn (de)	fon (m)	[fon]

39. Juwelen

sieraden (mv.)	gioielli (m pl)	[dʒo'jelli]
edel (bijv. ~ stenen)	prezioso	[pre'tsjozo]
keurmerk (het)	marchio (m)	['markio]

ring (de)	anello (m)	[a'nello]
trouwring (de)	anello (m) nuziale	[a'nello nu'tsjale]
armband (de)	braccialetto (m)	[bratʃa'letto]
oorringen (mv.)	orecchini (m pl)	[orek'kini]

halssnoer (het)	collana (f)	[kol'lana]
kroon (de)	corona (f)	[ko'rona]
kralen snoer (het)	perline (f pl)	[per'line]

diamant (de)	diamante (m)	[dia'mante]
smaragd (de)	smeraldo (m)	[zme'raldo]
robijn (de)	rubino (m)	[ru'bino]
saffier (de)	zaffiro (m)	[dzaf'firo]
parel (de)	perle (f pl)	['perle]
barnsteen (de)	ambra (f)	['ambra]

40. Horloges. Klokken

polshorloge (het)	orologio (m)	[oro'lodʒo]
wijzerplaat (de)	quadrante (m)	[kwa'drante]
wijzer (de)	lancetta (f)	[lan'tʃetta]
metalen horlogeband (de)	braccialetto (m)	[bratʃa'letto]
horlogebandje (het)	cinturino (m)	[tʃintu'rino]

batterij (de)	pila (f)	['pila]
leeg zijn (ww)	essere scarico	['essere 'skariko]
batterij vervangen	cambiare la pila	[kam'bjare la 'pila]
voorlopen (ww)	andare avanti	[an'dare a'vanti]
achterlopen (ww)	andare indietro	[an'dare in'djetro]

wandklok (de)	orologio (m) da muro	[oro'lodʒo da 'muro]
zandloper (de)	clessidra (f)	['klessidra]
zonnewijzer (de)	orologio (m) solare	[oro'lodʒo so'lare]
wekker (de)	sveglia (f)	['zveʎʎa]
horlogemaker (de)	orologiaio (m)	[orolo'dʒajo]
repareren (ww)	riparare (vt)	[ripa'rare]

Voedsel. Voeding

41. Voedsel

vlees (het)	carne (f)	['karne]
kip (de)	pollo (m)	['pollo]
kuiken (het)	pollo (m) novello	['pollo no'vello]
eend (de)	anatra (f)	['anatra]
gans (de)	oca (f)	['oka]
wild (het)	cacciagione (f)	[kat͡ʃa'dʒone]
kalkoen (de)	tacchino (m)	[tak'kino]
varkensvlees (het)	maiale (m)	[ma'jale]
kalfsvlees (het)	vitello (m)	[vi'tello]
schapenvlees (het)	agnello (m)	[a'ɲello]
rundvlees (het)	manzo (m)	['mandzo]
konijnenvlees (het)	coniglio (m)	[ko'niʎʎo]
worst (de)	salame (m)	[sa'lame]
saucijs (de)	würstel (m)	['vyrstel]
spek (het)	pancetta (f)	[pan't͡ʃetta]
ham (de)	prosciutto (m)	[pro'ʃutto]
gerookte achterham (de)	prosciutto (m) affumicato	[pro'ʃutto affumi'kato]
paté (de)	pâté (m)	[pa'te]
lever (de)	fegato (m)	['fegato]
gehakt (het)	carne (f) trita	['karne 'trita]
tong (de)	lingua (f)	['lingua]
ei (het)	uovo (m)	[u'ovo]
eieren (mv.)	uova (f pl)	[u'ova]
eiwit (het)	albume (m)	[al'bume]
eigeel (het)	tuorlo (m)	[tu'orlo]
vis (de)	pesce (m)	['peʃe]
zeevruchten (mv.)	frutti (m pl) di mare	['frutti di 'mare]
schaaldieren (mv.)	crostacei (m pl)	[kro'stat͡ʃei]
kaviaar (de)	caviale (m)	[ka'vjale]
krab (de)	granchio (m)	['graŋkio]
garnaal (de)	gamberetto (m)	[gambe'retto]
oester (de)	ostrica (f)	['ostrika]
langoest (de)	aragosta (f)	[ara'gosta]
octopus (de)	polpo (m)	['polpo]
inktvis (de)	calamaro (m)	[kala'maro]
steur (de)	storione (m)	[sto'rjone]
zalm (de)	salmone (m)	[sal'mone]
heilbot (de)	ippoglosso (m)	[ippo'glosso]
kabeljauw (de)	merluzzo (m)	[mer'luttso]

makreel (de)	scombro (m)	['skombro]
tonijn (de)	tonno (m)	['tonno]
paling (de)	anguilla (f)	[an'gwilla]
forel (de)	trota (f)	['trota]
sardine (de)	sardina (f)	[sar'dina]
snoek (de)	luccio (m)	['lutʃo]
haring (de)	aringa (f)	[a'ringa]
brood (het)	pane (m)	['pane]
kaas (de)	formaggio (m)	[for'madʒo]
suiker (de)	zucchero (m)	['dzukkero]
zout (het)	sale (m)	['sale]
rijst (de)	riso (m)	['rizo]
pasta (de)	pasta (f)	['pasta]
noedels (mv.)	tagliatelle (f pl)	[taʎʎa'telle]
boter (de)	burro (m)	['burro]
plantaardige olie (de)	olio (m) vegetale	['oljo vedʒe'tale]
zonnebloemolie (de)	olio (m) di girasole	['oljo di dʒira'sole]
margarine (de)	margarina (f)	[marga'rina]
olijven (mv.)	olive (f pl)	[o'live]
olijfolie (de)	olio (m) d'oliva	['oljo do'liva]
melk (de)	latte (m)	['latte]
gecondenseerde melk (de)	latte (m) condensato	['latte konden'sato]
yoghurt (de)	yogurt (m)	['jogurt]
zure room (de)	panna (f) acida	['panna 'atʃida]
room (de)	panna (f)	['panna]
mayonaise (de)	maionese (m)	[majo'neze]
crème (de)	crema (f)	['krema]
graan (het)	cereali (m pl)	[tʃere'ali]
meel (het), bloem (de)	farina (f)	[fa'rina]
conserven (mv.)	cibi (m pl) in scatola	['tʃibi in 'skatola]
maïsvlokken (mv.)	fiocchi (m pl) di mais	['fjokki di 'mais]
honing (de)	miele (m)	['mjele]
jam (de)	marmellata (f)	[marmel'lata]
kauwgom (de)	gomma (f) da masticare	['gomma da masti'kare]

42. Drankjes

water (het)	acqua (f)	['akwa]
drinkwater (het)	acqua (f) potabile	['akwa po'tabile]
mineraalwater (het)	acqua (f) minerale	['akwa mine'rale]
zonder gas	liscia, non gassata	['liʃa], [non gas'sata]
koolzuurhoudend (bn)	gassata	[gas'sata]
bruisend (bn)	frizzante	[frid'dzante]
ijs (het)	ghiaccio (m)	['gjatʃo]

met ijs	con ghiaccio	[kon 'gjatʃo]
alcohol vrij (bn)	analcolico	[anal'koliko]
alcohol vrije drank (de)	bevanda (f) analcolica	[be'vanda anal'kolika]
frisdrank (de)	bibita (f)	['bibita]
limonade (de)	limonata (f)	[limo'nata]

alcoholische dranken (mv.)	bevande (f pl) alcoliche	[be'vande al'kolike]
wijn (de)	vino (m)	['vino]
witte wijn (de)	vino (m) bianco	['vino 'bjanko]
rode wijn (de)	vino (m) rosso	['vino 'rosso]

likeur (de)	liquore (m)	[li'kwore]
champagne (de)	champagne (m)	[ʃam'paɲ]
vermout (de)	vermouth (m)	['vermut]

whisky (de)	whisky	['wiski]
wodka (de)	vodka (f)	['vodka]
gin (de)	gin (m)	[dʒin]
cognac (de)	cognac (m)	['koɲak]
rum (de)	rum (m)	[rum]

koffie (de)	caffè (m)	[kaf'fe]
zwarte koffie (de)	caffè (m) nero	[kaf'fe 'nero]
koffie (de) met melk	caffè latte (m)	[kaf'fe 'latte]
cappuccino (de)	cappuccino (m)	[kappu'tʃino]
oploskoffie (de)	caffè (m) solubile	[kaf'fe so'lubile]

melk (de)	latte (m)	['latte]
cocktail (de)	cocktail (m)	['koktejl]
milkshake (de)	frullato (m)	[frul'lato]

sap (het)	succo (m)	['sukko]
tomatensap (het)	succo (m) di pomodoro	['sukko di pomo'doro]
sinaasappelsap (het)	succo (m) d'arancia	['sukko da'rantʃa]
vers geperst sap (het)	spremuta (f)	[spre'muta]

bier (het)	birra (f)	['birra]
licht bier (het)	birra (f) chiara	['birra 'kjara]
donker bier (het)	birra (f) scura	['birra 'skura]

thee (de)	tè (m)	[te]
zwarte thee (de)	tè (m) nero	[te 'nero]
groene thee (de)	tè (m) verde	[te 'verde]

43. Groenten

| groenten (mv.) | ortaggi (m pl) | [or'tadʒi] |
| verse kruiden (mv.) | verdura (f) | [ver'dura] |

tomaat (de)	pomodoro (m)	[pomo'doro]
augurk (de)	cetriolo (m)	[tʃetri'olo]
wortel (de)	carota (f)	[ka'rota]
aardappel (de)	patata (f)	[pa'tata]
ui (de)	cipolla (f)	[tʃi'polla]

knoflook (de)	aglio (m)	['aʎʎo]
kool (de)	cavolo (m)	['kavolo]
bloemkool (de)	cavolfiore (m)	[kavol'fjore]
spruitkool (de)	cavoletti (m pl) di Bruxelles	[kavo'letti di bruk'sel]
broccoli (de)	broccolo (m)	['brokkolo]

rode biet (de)	barbabietola (f)	[barba'bjetola]
aubergine (de)	melanzana (f)	[melan'tsana]
courgette (de)	zucchina (f)	[dzuk'kina]
pompoen (de)	zucca (f)	['dzukka]
raap (de)	rapa (f)	['rapa]

peterselie (de)	prezzemolo (m)	[pret'tsemolo]
dille (de)	aneto (m)	[a'neto]
sla (de)	lattuga (f)	[lat'tuga]
selderij (de)	sedano (m)	['sedano]
asperge (de)	asparago (m)	[a'sparago]
spinazie (de)	spinaci (m pl)	[spi'natʃi]

erwt (de)	pisello (m)	[pi'zello]
bonen (mv.)	fave (f pl)	['fave]
maïs (de)	mais (m)	['mais]
nierboon (de)	fagiolo (m)	[fa'dʒolo]

peper (de)	peperone (m)	[pepe'rone]
radijs (de)	ravanello (m)	[rava'nello]
artisjok (de)	carciofo (m)	[kar'tʃofo]

44. Vruchten. Noten

vrucht (de)	frutto (m)	['frutto]
appel (de)	mela (f)	['mela]
peer (de)	pera (f)	['pera]
citroen (de)	limone (m)	[li'mone]
sinaasappel (de)	arancia (f)	[a'rantʃa]
aardbei (de)	fragola (f)	['fragola]

mandarijn (de)	mandarino (m)	[manda'rino]
pruim (de)	prugna (f)	['pruɲa]
perzik (de)	pesca (f)	['peska]
abrikoos (de)	albicocca (f)	[albi'kokka]
framboos (de)	lampone (m)	[lam'pone]
ananas (de)	ananas (m)	[ana'nas]

banaan (de)	banana (f)	[ba'nana]
watermeloen (de)	anguria (f)	[an'guria]
druif (de)	uva (f)	['uva]
zure kers (de)	amarena (f)	[ama'rena]
zoete kers (de)	ciliegia (f)	[tʃi'ljedʒa]
meloen (de)	melone (m)	[me'lone]

grapefruit (de)	pompelmo (m)	[pom'pelmo]
avocado (de)	avocado (m)	[avo'kado]
papaja (de)	papaia (f)	[pa'paja]

mango (de)	**mango** (m)	['mango]
granaatappel (de)	**melagrana** (f)	[mela'grana]
rode bes (de)	**ribes** (m) **rosso**	['ribes 'rosso]
zwarte bes (de)	**ribes** (m) **nero**	['ribes 'nero]
kruisbes (de)	**uva** (f) **spina**	['uva 'spina]
blauwe bosbes (de)	**mirtillo** (m)	[mir'tillo]
braambes (de)	**mora** (f)	['mora]
rozijn (de)	**uvetta** (f)	[u'vetta]
vijg (de)	**fico** (m)	['fiko]
dadel (de)	**dattero** (m)	['dattero]
pinda (de)	**arachide** (f)	[a'rakide]
amandel (de)	**mandorla** (f)	['mandorla]
walnoot (de)	**noce** (f)	['notʃe]
hazelnoot (de)	**nocciola** (f)	[no'tʃola]
kokosnoot (de)	**noce** (f) **di cocco**	['notʃe di 'kokko]
pistaches (mv.)	**pistacchi** (m pl)	[pi'stakki]

45. Brood. Snoep

suikerbakkerij (de)	**pasticceria** (f)	[pastitʃe'ria]
brood (het)	**pane** (m)	['pane]
koekje (het)	**biscotti** (m pl)	[bi'skotti]
chocolade (de)	**cioccolato** (m)	[tʃokko'lato]
chocolade- (abn)	**al cioccolato**	[al tʃokko'lato]
snoepje (het)	**caramella** (f)	[kara'mella]
cakeje (het)	**tortina** (f)	[tor'tina]
taart (bijv. verjaardags~)	**torta** (f)	['torta]
pastei (de)	**crostata** (f)	[kro'stata]
vulling (de)	**ripieno** (m)	[ri'pjeno]
confituur (de)	**marmellata** (f)	[marmel'lata]
marmelade (de)	**marmellata** (f) **di agrumi**	[marmel'lata di a'grumi]
wafel (de)	**wafer** (m)	['vafer]
ijsje (het)	**gelato** (m)	[dʒe'lato]
pudding (de)	**budino** (m)	[bu'dino]

46. Bereide gerechten

gerecht (het)	**piatto** (m)	['pjatto]
keuken (bijv. Franse ~)	**cucina** (f)	[ku'tʃina]
recept (het)	**ricetta** (f)	[ri'tʃetta]
portie (de)	**porzione** (f)	[por'tsjone]
salade (de)	**insalata** (f)	[insa'lata]
soep (de)	**minestra** (f)	[mi'nestra]
bouillon (de)	**brodo** (m)	['brodo]
boterham (de)	**panino** (m)	[pa'nino]

spiegelei (het)	uova (f pl) al tegamino	[u'ova al tega'mino]
hamburger (de)	hamburger (m)	[am'burger]
biefstuk (de)	bistecca (f)	[bi'stekka]

garnering (de)	contorno (m)	[kon'torno]
spaghetti (de)	spaghetti (m pl)	[spa'getti]
aardappelpuree (de)	purè (m) di patate	[pu're di pa'tate]
pizza (de)	pizza (f)	['pittsa]
pap (de)	porridge (m)	[por'ridʒe]
omelet (de)	frittata (f)	[frit'tata]

gekookt (in water)	bollito	[bol'lito]
gerookt (bn)	affumicato	[affumi'kato]
gebakken (bn)	fritto	['fritto]
gedroogd (bn)	secco	['sekko]
diepvries (bn)	congelato	[kondʒe'lato]
gemarineerd (bn)	sottoaceto	[sottoa'tʃeto]

zoet (bn)	dolce	['doltʃe]
gezouten (bn)	salato	[sa'lato]
koud (bn)	freddo	['freddo]
heet (bn)	caldo	['kaldo]
bitter (bn)	amaro	[a'maro]
lekker (bn)	buono, gustoso	[bu'ono], [gu'stozo]

koken (in kokend water)	cuocere, preparare (vt)	[ku'otʃere], [prepa'rare]
bereiden (avondmaaltijd ~)	cucinare (vi)	[kutʃi'nare]
bakken (ww)	friggere (vt)	['fridʒere]
opwarmen (ww)	riscaldare (vt)	[riskal'dare]

zouten (ww)	salare (vt)	[sa'lare]
peperen (ww)	pepare (vt)	[pe'pare]
raspen (ww)	grattugiare (vt)	[grattu'dʒare]
schil (de)	buccia (f)	['butʃa]
schillen (ww)	sbucciare (vt)	[zbu'tʃare]

47. Kruiden

zout (het)	sale (m)	['sale]
gezouten (bn)	salato	[sa'lato]
zouten (ww)	salare (vt)	[sa'lare]

zwarte peper (de)	pepe (m) nero	['pepe 'nero]
rode peper (de)	peperoncino (m)	[peperon'tʃino]
mosterd (de)	senape (f)	[se'nape]
mierikswortel (de)	cren (m)	['kren]

condiment (het)	condimento (m)	[kondi'mento]
specerij, kruiderij (de)	spezie (f pl)	['spetsie]
saus (de)	salsa (f)	['salsa]
azijn (de)	aceto (m)	[a'tʃeto]

anijs (de)	anice (m)	['anitʃe]
basilicum (de)	basilico (m)	[ba'ziliko]

kruidnagel (de)	chiodi (m pl) di garofano	['kjodi di ga'rofano]
gember (de)	zenzero (m)	['dzendzero]
koriander (de)	coriandolo (m)	[kori'andolo]
kaneel (de/het)	cannella (f)	[kan'nella]

sesamzaad (het)	sesamo (m)	[sezamo]
laurierblad (het)	alloro (m)	[al'loro]
paprika (de)	paprica (f)	['paprika]
komijn (de)	cumino, comino (m)	[ku'mino], [ko'mino]
saffraan (de)	zafferano (m)	[dzaffe'rano]

48. Maaltijden

eten (het)	cibo (m)	['tʃibo]
eten (ww)	mangiare (vi, vt)	[man'dʒare]

ontbijt (het)	colazione (f)	[kola'tsjone]
ontbijten (ww)	fare colazione	['fare kola'tsjone]
lunch (de)	pranzo (m)	['prantso]
lunchen (ww)	pranzare (vi)	[pran'tsare]
avondeten (het)	cena (f)	['tʃena]
souperen (ww)	cenare (vi)	[tʃe'nare]

eetlust (de)	appetito (m)	[appe'tito]
Eet smakelijk!	Buon appetito!	[bu'on appe'tito]

openen (een fles ~)	aprire (vt)	[a'prire]
morsen (koffie, enz.)	rovesciare (vt)	[rove'ʃare]
zijn gemorst	rovesciarsi (vi)	[rove'ʃarsi]

koken (water kookt bij 100°C)	bollire (vi)	[bol'lire]
koken (Hoe om water te ~)	far bollire	[far bol'lire]
gekookt (~ water)	bollito	[bol'lito]

afkoelen (koeler maken)	raffreddare (vt)	[raffred'dare]
afkoelen (koeler worden)	raffreddarsi (vr)	[raffred'darsi]

smaak (de)	gusto (m)	['gusto]
nasmaak (de)	retrogusto (m)	[retro'gusto]

volgen een dieet	essere a dieta	['essere a di'eta]
dieet (het)	dieta (f)	[di'eta]
vitamine (de)	vitamina (f)	[vita'mina]
calorie (de)	caloria (f)	[kalo'ria]

vegetariër (de)	vegetariano (m)	[vedʒeta'rjano]
vegetarisch (bn)	vegetariano	[vedʒeta'rjano]

vetten (mv.)	grassi (m pl)	['grassi]
eiwitten (mv.)	proteine (f pl)	[prote'ine]
koolhydraten (mv.)	carboidrati (m pl)	[karboi'drati]
snede (de)	fetta (f), fettina (f)	['fetta], [fet'tina]
stuk (bijv. een ~ taart)	pezzo (m)	['pettso]
kruimel (de)	briciola (f)	['britʃola]

49. Tafelschikking

lepel (de)	cucchiaio (m)	[kuk'kjajo]
mes (het)	coltello (m)	[kol'tello]
vork (de)	forchetta (f)	[for'ketta]
kopje (het)	tazza (f)	['tattsa]
bord (het)	piatto (m)	['pjatto]
schoteltje (het)	piattino (m)	[pjat'tino]
servet (het)	tovagliolo (m)	[tovaʎ'ʎolo]
tandenstoker (de)	stuzzicadenti (m)	[stuttsika'denti]

50. Restaurant

restaurant (het)	ristorante (m)	[risto'rante]
koffiehuis (het)	caffè (m)	[kaf'fe]
bar (de)	pub (m), bar (m)	[pab], [bar]
tearoom (de)	sala (f) da tè	['sala da 'te]
kelner, ober (de)	cameriere (m)	[kame'rjere]
serveerster (de)	cameriera (f)	[kame'rjera]
barman (de)	barista (m)	[ba'rista]
menu (het)	menù (m)	[me'nu]
wijnkaart (de)	lista (f) dei vini	['lista 'dei 'vini]
een tafel reserveren	prenotare un tavolo	[preno'tare un 'tavolo]
gerecht (het)	piatto (m)	['pjatto]
bestellen (eten ~)	ordinare (vt)	[ordi'nare]
een bestelling maken	fare un'ordinazione	['fare unordina'tsjone]
aperitief (de/het)	aperitivo (m)	[aperi'tivo]
voorgerecht (het)	antipasto (m)	[anti'pasto]
dessert (het)	dolce (m)	['doltʃe]
rekening (de)	conto (m)	['konto]
de rekening betalen	pagare il conto	[pa'gare il 'konto]
wisselgeld teruggeven	dare il resto	['dare il 'resto]
fooi (de)	mancia (f)	['mantʃa]

Familie, verwanten en vrienden

51. Persoonlijke informatie. Formulieren

naam (de)	nome (m)	['nome]
achternaam (de)	cognome (m)	[ko'ɲome]
geboortedatum (de)	data (f) di nascita	['data di 'naʃita]
geboorteplaats (de)	luogo (m) di nascita	[lu'ogo di 'naʃita]
nationaliteit (de)	nazionalità (f)	[natsjonali'ta]
woonplaats (de)	domicilio (m)	[domi'tʃilio]
land (het)	paese (m)	[pa'eze]
beroep (het)	professione (f)	[profes'sjone]
geslacht (ov. het vrouwelijk ~)	sesso (m)	['sesso]
lengte (de)	statura (f)	[sta'tura]
gewicht (het)	peso (m)	['pezo]

52. Familieleden. Verwanten

moeder (de)	madre (f)	['madre]
vader (de)	padre (m)	['padre]
zoon (de)	figlio (m)	['fiʎʎo]
dochter (de)	figlia (f)	['fiʎʎa]
jongste dochter (de)	figlia (f) minore	['fiʎʎa mi'nore]
jongste zoon (de)	figlio (m) minore	['fiʎʎo mi'nore]
oudste dochter (de)	figlia (f) maggiore	['fiʎʎa ma'dʒore]
oudste zoon (de)	figlio (m) maggiore	['fiʎʎo ma'dʒore]
broer (de)	fratello (m)	[fra'tello]
zuster (de)	sorella (f)	[so'rella]
neef (zoon van oom, tante)	cugino (m)	[ku'dʒino]
nicht (dochter van oom, tante)	cugina (f)	[ku'dʒina]
mama (de)	mamma (f)	['mamma]
papa (de)	papà (m)	[pa'pa]
ouders (mv.)	genitori (m pl)	[dʒeni'tori]
kind (het)	bambino (m)	[bam'bino]
kinderen (mv.)	bambini (m pl)	[bam'bini]
oma (de)	nonna (f)	['nonna]
opa (de)	nonno (m)	['nonno]
kleinzoon (de)	nipote (m)	[ni'pote]
kleindochter (de)	nipote (f)	[ni'pote]
kleinkinderen (mv.)	nipoti (pl)	[ni'poti]

oom (de)	zio (m)	['tsio]
tante (de)	zia (f)	['tsia]
neef (zoon van broer, zus)	nipote (m)	[ni'pote]
nicht (dochter van broer, zus)	nipote (f)	[ni'pote]

schoonmoeder (de)	suocera (f)	[su'otʃera]
schoonvader (de)	suocero (m)	[su'otʃero]
schoonzoon (de)	genero (m)	['dʒenero]
stiefmoeder (de)	matrigna (f)	[ma'triɲa]
stiefvader (de)	patrigno (m)	[pa'triɲo]

zuigeling (de)	neonato (m)	[neo'nato]
wiegenkind (het)	infante (m)	[in'fante]
kleuter (de)	bimbo (m)	['bimbo]

vrouw (de)	moglie (f)	['moʎʎe]
man (de)	marito (m)	[ma'rito]
echtgenoot (de)	coniuge (m)	['konjudʒe]
echtgenote (de)	coniuge (f)	['konjudʒe]

gehuwd (mann.)	sposato	[spo'zato]
gehuwd (vrouw.)	sposata	[spo'zata]
ongehuwd (mann.)	celibe	['tʃelibe]
vrijgezel (de)	scapolo (m)	['skapolo]
gescheiden (bn)	divorziato	[divortsi'ato]
weduwe (de)	vedova (f)	['vedova]
weduwnaar (de)	vedovo (m)	['vedovo]

familielid (het)	parente (m)	[pa'rente]
dichte familielid (het)	parente (m) stretto	[pa'rente 'stretto]
verre familielid (het)	parente (m) lontano	[pa'rente lon'tano]
familieleden (mv.)	parenti (m pl)	[pa'renti]

voogd (de)	tutore (m)	[tu'tore]
adopteren (een jongen te ~)	adottare (vt)	[adot'tare]
adopteren (een meisje te ~)	adottare (vt)	[adot'tare]

53. Vrienden. Collega's

vriend (de)	amico (m)	[a'miko]
vriendin (de)	amica (f)	[a'mika]
vriendschap (de)	amicizia (f)	[ami'tʃitsia]
bevriend zijn (ww)	essere amici	['essere a'mitʃi]

makker (de)	amico (m)	[a'miko]
vriendin (de)	amica (f)	[a'mika]
partner (de)	partner (m)	['partner]

chef (de)	capo (m)	['kapo]
baas (de)	capo (m), superiore (m)	['kapo], [supe'rjore]
ondergeschikte (de)	subordinato (m)	[subordi'nato]
collega (de)	collega (m)	[kol'lega]
kennis (de)	conoscente (m)	[kono'ʃente]
medereiziger (de)	compagno (m) di viaggio	[kom'paɲo di 'vjadʒo]

klasgenoot (de)	compagno (m) di classe	[kom'paɲo di 'klasse]
buurman (de)	vicino (m)	[vi'tʃino]
buurvrouw (de)	vicina (f)	[vi'tʃina]
buren (mv.)	vicini (m pl)	[vi'tʃini]

54. Man. Vrouw

vrouw (de)	donna (f)	['donna]
meisje (het)	ragazza (f)	[ra'gattsa]
bruid (de)	sposa (f)	['spoza]

mooi(e) (vrouw, meisje)	bella	['bella]
groot, grote (vrouw, meisje)	alta	['alta]
slank(e) (vrouw, meisje)	snella	['znella]
korte, kleine (vrouw, meisje)	bassa	['bassa]

| blondine (de) | bionda (f) | ['bjonda] |
| brunette (de) | bruna (f) | ['bruna] |

dames- (abn)	da donna	[da 'donna]
maagd (de)	vergine (f)	['verdʒine]
zwanger (bn)	incinta	[in'tʃinta]

man (de)	uomo (m)	[u'omo]
blonde man (de)	biondo (m)	['bjondo]
bruinharige man (de)	bruno (m)	['bruno]
groot (bn)	alto	['alto]
klein (bn)	basso	['basso]

onbeleefd (bn)	sgarbato	[sgar'bato]
gedrongen (bn)	tozzo	['tottso]
robuust (bn)	robusto	[ro'busto]
sterk (bn)	forte	['forte]
sterkte (de)	forza (f)	['fortsa]

mollig (bn)	grasso	['grasso]
getaand (bn)	bruno	['bruno]
slank (bn)	snello	['znello]
elegant (bn)	elegante	[ele'gante]

55. Leeftijd

leeftijd (de)	età (f)	[e'ta]
jeugd (de)	giovinezza (f)	[dʒovi'nettsa]
jong (bn)	giovane	['dʒovane]

| jonger (bn) | più giovane | [pju 'dʒovane] |
| ouder (bn) | più vecchio | [pju 'vekkio] |

jongen (de)	giovane (m)	['dʒovane]
tiener, adolescent (de)	adolescente (m, f)	[adole'ʃente]
kerel (de)	ragazzo (m)	[ra'gattso]

| oude man (de) | vecchio (m) | ['vekkio] |
| oude vrouw (de) | vecchia (f) | ['vekkia] |

volwassen (bn)	adulto (m)	[a'dulto]
van middelbare leeftijd (bn)	di mezza età	[di 'meddza e'ta]
bejaard (bn)	anziano	[an'tsjano]
oud (bn)	vecchio	['vekkio]

pensioen (het)	pensionamento (m)	[pensjona'mento]
met pensioen gaan	andare in pensione	[an'dare in pen'sjone]
gepensioneerde (de)	pensionato (m)	[pensjo'nato]

56. Kinderen

kind (het)	bambino (m)	[bam'bino]
kinderen (mv.)	bambini (m pl)	[bam'bini]
tweeling (de)	gemelli (m pl)	[dʒe'melli]

wieg (de)	culla (f)	['kulla]
rammelaar (de)	sonaglio (m)	[so'naʎʎo]
luier (de)	pannolino (m)	[panno'lino]

speen (de)	tettarella (f)	[tetta'rella]
kinderwagen (de)	carrozzina (f)	[karrot'tsina]
kleuterschool (de)	scuola (f) materna	['skwola ma'terna]
babysitter (de)	baby-sitter (f)	[bebi'siter]

kindertijd (de)	infanzia (f)	[in'fantsia]
pop (de)	bambola (f)	['bambola]
speelgoed (het)	giocattolo (m)	[dʒo'kattolo]
bouwspeelgoed (het)	gioco (m) di costruzione	['dʒoko di konstru'tsjone]

welopgevoed (bn)	educato	[edu'kato]
onopgevoed (bn)	maleducato	[maledu'kato]
verwend (bn)	viziato	[vitsi'ato]

stout zijn (ww)	essere disubbidiente	['essere dizubi'djente]
stout (bn)	birichino	[biri'kino]
stoutheid (de)	birichinata (f)	[biriki'nata]
stouterd (de)	monello (m)	[mo'nello]

| gehoorzaam (bn) | ubbidiente | [ubidi'ente] |
| ongehoorzaam (bn) | disubbidiente | [dizubi'djente] |

braaf (bn)	docile	['dotʃile]
slim (verstandig)	intelligente	[intelli'dʒente]
wonderkind (het)	bambino (m) prodigio	[bam'bino pro'didʒo]

57. Gehuwde paren. Gezinsleven

| kussen (een kus geven) | baciare (vt) | [ba'tʃare] |
| elkaar kussen (ww) | baciarsi (vr) | [ba'tʃarsi] |

gezin (het)	famiglia (f)	[fa'miʎʎa]
gezins- (abn)	familiare	[fami'ljare]
paar (het)	coppia (f)	['koppia]
huwelijk (het)	matrimonio (m)	[matri'monio]
thuis (het)	focolare (m) domestico	[foko'lare do'mestiko]
dynastie (de)	dinastia (f)	[dina'stia]
date (de)	appuntamento (m)	[appunta'mento]
zoen (de)	bacio (m)	['batʃo]
liefde (de)	amore (m)	[a'more]
liefhebben (ww)	amare	[a'mare]
geliefde (bn)	amato	[a'mato]
tederheid (de)	tenerezza (f)	[tene'rettsa]
teder (bn)	dolce, tenero	['doltʃe], ['tenero]
trouw (de)	fedeltà (f)	[fedel'ta]
trouw (bn)	fedele	[fe'dele]
zorg (bijv. bejaarden~)	premura (f)	[pre'mura]
zorgzaam (bn)	premuroso	[premu'rozo]
jonggehuwden (mv.)	sposi (m pl) novelli	['spozi no'velli]
wittebroodsweken (mv.)	luna (f) di miele	['luna di 'mjele]
trouwen (vrouw)	sposarsi (vr)	[spo'zarsi]
trouwen (man)	sposarsi (vr)	[spo'zarsi]
bruiloft (de)	nozze (f pl)	['nottse]
gouden bruiloft (de)	nozze (f pl) d'oro	['nottse 'doro]
verjaardag (de)	anniversario (m)	[anniver'sario]
minnaar (de)	amante (m)	[a'mante]
minnares (de)	amante (f)	[a'mante]
overspel (het)	adulterio (m)	[adul'terio]
overspel plegen (ww)	tradire	[tra'dire]
jaloers (bn)	geloso	[dʒe'lozo]
jaloers zijn (echtgenoot, enz.)	essere geloso	['essere dʒe'lozo]
echtscheiding (de)	divorzio (m)	[di'vortsio]
scheiden (ww)	divorziare (vi)	[divor'tsjare]
ruzie hebben (ww)	litigare (vi)	[liti'gare]
vrede sluiten (ww)	fare pace	['fare 'patʃe]
samen (bw)	insieme	[in'sjeme]
seks (de)	sesso (m)	['sesso]
geluk (het)	felicità (f)	[felitʃi'ta]
gelukkig (bn)	felice	[fe'litʃe]
ongeluk (het)	disgrazia (f)	[dis'gratsia]
ongelukkig (bn)	infelice	[infe'litʃe]

Karakter. Gevoelens. Emoties

58. Gevoelens. Emoties

gevoel (het)	sentimento (m)	[senti'mento]
gevoelens (mv.)	sentimenti (m pl)	[senti'menti]
voelen (ww)	sentire (vt)	[sen'tire]
honger (de)	fame (f)	['fame]
honger hebben (ww)	avere fame	[a'vere 'fame]
dorst (de)	sete (f)	['sete]
dorst hebben	avere sete	[a'vere 'sete]
slaperigheid (de)	sonnolenza (f)	[sonno'lentsa]
willen slapen	avere sonno	[a'vere 'sonno]
moeheid (de)	stanchezza (f)	[staŋ'kettsa]
moe (bn)	stanco	['stanko]
vermoeid raken (ww)	stancarsi (vr)	[stan'karsi]
stemming (de)	umore (m)	[u'more]
verveling (de)	noia (f)	['noja]
zich vervelen (ww)	annoiarsi (vr)	[anno'jarsi]
afzondering (de)	isolamento (f)	[izola'mento]
zich afzonderen (ww)	isolarsi (vr)	[izo'larsi]
bezorgd maken	preoccupare (vt)	[preokku'pare]
bezorgd zijn (ww)	essere preoccupato	['essere preokku'pato]
zorg (bijv. geld~en)	agitazione (f)	[adʒita'tsjone]
ongerustheid (de)	preoccupazione (f)	[preokkupa'tsjone]
ongerust (bn)	preoccupato	[preokku'pato]
zenuwachtig zijn (ww)	essere nervoso	['essere ner'vozo]
in paniek raken	andare in panico	[an'dare in 'paniko]
hoop (de)	speranza (f)	[spe'rantsa]
hopen (ww)	sperare (vi, vt)	[spe'rare]
zekerheid (de)	certezza (f)	[tʃer'tettsa]
zeker (bn)	sicuro	[si'kuro]
onzekerheid (de)	incertezza (f)	[intʃer'tettsa]
onzeker (bn)	incerto	[in'tʃerto]
dronken (bn)	ubriaco	[ubri'ako]
nuchter (bn)	sobrio	['sobrio]
zwak (bn)	debole	['debole]
gelukkig (bn)	fortunato	[fortu'nato]
doen schrikken (ww)	spaventare (vt)	[spaven'tare]
toorn (de)	rabbia (f)	['rabbia]
woede (de)	rabbia (f)	['rabbia]
depressie (de)	depressione (f)	[depres'sjone]
ongemak (het)	disagio (m)	[di'zadʒo]

gemak, comfort (het)	conforto (m)	[kon'forto]
spijt hebben (ww)	rincrescere (vi)	[rin'kreʃere]
spijt (de)	rincrescimento (m)	[rinkreʃi'mento]
pech (de)	sfortuna (f)	[sfor'tuna]
bedroefdheid (de)	tristezza (f)	[tri'stettsa]

schaamte (de)	vergogna (f)	[ver'goɲa]
pret (de), plezier (het)	allegria (f)	[alle'gria]
enthousiasme (het)	entusiasmo (m)	[entu'zjazmo]
enthousiasteling (de)	entusiasta (m)	[entu'zjasta]
enthousiasme vertonen	mostrare entusiasmo	[mo'strare entu'zjazmo]

59. Karakter. Persoonlijkheid

karakter (het)	carattere (m)	[ka'rattere]
karakterfout (de)	difetto (m)	[di'fetto]
verstand (het)	mente (f)	['mente]
rede (de)	intelletto (m)	[intel'letto]

geweten (het)	coscienza (f)	[ko'ʃentsa]
gewoonte (de)	abitudine (f)	[abi'tudine]
bekwaamheid (de)	capacità (f)	[kapatʃi'ta]
kunnen (bijv., ~ zwemmen)	sapere (vt)	[sa'pere]

geduldig (bn)	paziente	[pa'tsjente]
ongeduldig (bn)	impaziente	[impa'tsjente]
nieuwsgierig (bn)	curioso	[ku'rjozo]
nieuwsgierigheid (de)	curiosità (f)	[kuriozi'ta]

bescheidenheid (de)	modestia (f)	[mo'destia]
bescheiden (bn)	modesto	[mo'desto]
onbescheiden (bn)	immodesto	[immo'desto]

luiheid (de)	pigrizia (f)	[pi'gritsia]
lui (bn)	pigro	['pigro]
luiwammes (de)	poltrone (m)	[pol'trone]

sluwheid (de)	furberia (f)	[furbe'ria]
sluw (bn)	furbo	['furbo]
wantrouwen (het)	diffidenza (f)	[diffi'dentsa]
wantrouwig (bn)	diffidente	[diffi'dente]

gulheid (de)	generosità (f)	[dʒenerozi'ta]
gul (bn)	generoso	[dʒene'rozo]
talentrijk (bn)	di talento	[di ta'lento]
talent (het)	talento (m)	[ta'lento]

moedig (bn)	coraggioso	[kora'dʒozo]
moed (de)	coraggio (m)	[ko'radʒo]
eerlijk (bn)	onesto	[o'nesto]
eerlijkheid (de)	onestà (f)	[one'sta]

voorzichtig (bn)	prudente	[pru'dente]
manhaftig (bn)	valoroso	[valo'rozo]

ernstig (bn)	serio	['serio]
streng (bn)	severo	[se'vero]

resoluut (bn)	deciso	[de'tʃizo]
onzeker, irresoluut (bn)	indeciso	[inde'tʃizo]
schuchter (bn)	timido	['timido]
schuchterheid (de)	timidezza (f)	[timi'dettsa]

vertrouwen (het)	fiducia (f)	[fi'dutʃa]
vertrouwen (ww)	fidarsi (vr)	[fi'darsi]
goedgelovig (bn)	fiducioso	[fidu'tʃozo]

oprecht (bw)	sinceramente	[sintʃera'mente]
oprecht (bn)	sincero	[sin'tʃero]
oprechtheid (de)	sincerità (f)	[sintʃeri'ta]
open (bn)	aperto	[a'perto]

rustig (bn)	tranquillo	[tran'kwillo]
openhartig (bn)	sincero	[sin'tʃero]
naïef (bn)	ingenuo	[in'dʒenuo]
verstrooid (bn)	distratto	[di'stratto]
leuk, grappig (bn)	buffo	['buffo]

gierigheid (de)	avidità (f)	[avidi'ta]
gierig (bn)	avido	['avido]
inhalig (bn)	avaro	[a'varo]
kwaad (bn)	cattivo	[kat'tivo]
koppig (bn)	testardo	[te'stardo]
onaangenaam (bn)	antipatico	[anti'patiko]

egoïst (de)	egoista (m)	[ego'ista]
egoïstisch (bn)	egoistico	[ego'istiko]
lafaard (de)	codardo (m)	[ko'dardo]
laf (bn)	codardo	[ko'dardo]

60. Slaap. Dromen

slapen (ww)	dormire (vi)	[dor'mire]
slaap (in ~ vallen)	sonno (m)	['sonno]
droom (de)	sogno (m)	['soɲo]
dromen (in de slaap)	sognare (vi)	[so'ɲare]
slaperig (bn)	sonnolento	[sonno'lento]

bed (het)	letto (m)	['letto]
matras (de)	materasso (m)	[mate'rasso]
deken (de)	coperta (f)	[ko'perta]
kussen (het)	cuscino (m)	[ku'ʃino]
laken (het)	lenzuolo (m)	[lentsu'olo]

slapeloosheid (de)	insonnia (f)	[in'sonnia]
slapeloos (bn)	insonne	[in'sonne]
slaapmiddel (het)	sonnifero (m)	[son'nifero]
slaapmiddel innemen	prendere il sonnifero	['prendere il son'nifero]
willen slapen	avere sonno	[a'vere 'sonno]

geeuwen (ww)	sbadigliare (vi)	[zbadiʎ'ʎare]
gaan slapen	andare a letto	[an'dare a 'letto]
het bed opmaken	fare il letto	['fare il 'letto]
inslapen (ww)	addormentarsi (vr)	[addormen'tarsi]

nachtmerrie (de)	incubo (m)	['inkubo]
gesnurk (het)	russare (m)	[rus'sare]
snurken (ww)	russare (vi)	[rus'sare]

wekker (de)	sveglia (f)	['zveʎʎa]
wekken (ww)	svegliare (vt)	[zveʎ'ʎare]
wakker worden (ww)	svegliarsi (vr)	[zveʎ'ʎarsi]
opstaan (ww)	alzarsi (vr)	[al'tsarsi]
zich wassen (ww)	lavarsi (vr)	[la'varsi]

61. Humor. Gelach. Blijdschap

humor (de)	umorismo (m)	[umo'rizmo]
gevoel (het) voor humor	senso (m) dello humour	['senso 'dello u'mur]
plezier hebben (ww)	divertirsi (vr)	[diver'tirsi]
vrolijk (bn)	allegro	[al'legro]
pret (de), plezier (het)	allegria (f)	[alle'gria]

glimlach (de)	sorriso (m)	[sor'rizo]
glimlachen (ww)	sorridere (vi)	[sor'ridere]
beginnen te lachen (ww)	mettersi a ridere	['mettersi a 'ridere]
lachen (ww)	ridere (vi)	['ridere]
lach (de)	riso (m)	['rizo]

mop (de)	aneddoto (m)	[a'neddoto]
grappig (een ~ verhaal)	divertente	[diver'tente]
grappig (~e clown)	ridicolo	[ri'dikolo]

grappen maken (ww)	scherzare (vi)	[sker'tsare]
grap (de)	scherzo (m)	['skertso]
blijheid (de)	gioia (f)	['dʒoja]
blij zijn (ww)	rallegrarsi (vr)	[ralle'grarsi]
blij (bn)	allegro	[al'legro]

62. Discussie, conversatie. Deel 1

| communicatie (de) | comunicazione (f) | [komunika'tsjone] |
| communiceren (ww) | comunicare (vi) | [komuni'kare] |

conversatie (de)	conversazione (f)	[konversa'tsjone]
dialoog (de)	dialogo (m)	[di'alogo]
discussie (de)	discussione (f)	[diskus'sjone]
debat (het)	dibattito (m)	[di'battito]
debatteren, twisten (ww)	discutere (vi)	[di'skutere]

| gesprekspartner (de) | interlocutore (m) | [interloku'tore] |
| thema (het) | tema (m) | ['tema] |

standpunt (het)	**punto** (m) **di vista**	['punto di 'vista]
mening (de)	**opinione** (f)	[opi'njone]
toespraak (de)	**discorso** (m)	[di'skorso]

bespreking (de)	**discussione** (f)	[diskus'sjone]
bespreken (spreken over)	**discutere** (vt)	[di'skutere]
gesprek (het)	**conversazione** (f)	[konversa'tsjone]
spreken (converseren)	**conversare** (vi)	[konver'sare]
ontmoeting (de)	**incontro** (m)	[in'kontro]
ontmoeten (ww)	**incontrarsi** (vr)	[inkon'trarsi]

spreekwoord (het)	**proverbio** (m)	[pro'verbio]
gezegde (het)	**detto** (m)	['detto]
raadsel (het)	**indovinello** (m)	[indovi'nello]
een raadsel opgeven	**fare un indovinello**	['fare un indovi'nello]
wachtwoord (het)	**parola** (f) **d'ordine**	[pa'rola 'dordine]
geheim (het)	**segreto** (m)	[se'greto]

eed (de)	**giuramento** (m)	[dʒura'mento]
zweren (een eed doen)	**giurare** (vi)	[dʒu'rare]
belofte (de)	**promessa** (f)	[pro'messa]
beloven (ww)	**promettere** (vt)	[pro'mettere]

advies (het)	**consiglio** (m)	[kon'siʎʎo]
adviseren (ww)	**consigliare** (vt)	[konsiʎ'ʎare]
luisteren (gehoorzamen)	**ubbidire** (vi)	[ubi'dire]

nieuws (het)	**notizia** (f)	[no'titsia]
sensatie (de)	**sensazione** (f)	[sensa'tsjone]
informatie (de)	**informazioni** (f pl)	[informa'tsjoni]
conclusie (de)	**conclusione** (f)	[konklu'zjone]
stem (de)	**voce** (f)	['votʃe]
compliment (het)	**complimento** (m)	[kompli'mento]
vriendelijk (bn)	**gentile**	[dʒen'tile]

woord (het)	**parola** (f)	[pa'rola]
zin (de), zinsdeel (het)	**frase** (f)	['fraze]
antwoord (het)	**risposta** (f)	[ris'posta]

waarheid (de)	**verità** (f)	[veri'ta]
leugen (de)	**menzogna** (f)	[men'tsoɲa]

gedachte (de)	**pensiero** (m)	[pen'sjero]
idee (de/het)	**idea** (f), **pensiero** (m)	[i'dea], [pen'sjero]
fantasie (de)	**fantasia** (f)	[fanta'zia]

63. Discussie, conversatie. Deel 2

gerespecteerd (bn)	**rispettato**	[rispet'tato]
respecteren (ww)	**rispettare** (vt)	[rispet'tare]
respect (het)	**rispetto** (m)	[ris'petto]
Geachte ... (brief)	**Egregio ...**	[e'gredʒo]
voorstellen (Mag ik jullie ~)	**presentare** (vt)	[prezen'tare]
intentie (de)	**intenzione** (f)	[inten'tsjone]

intentie hebben (ww)	avere intenzione	[a'vere inten'tsjone]
wens (de)	augurio (m)	[au'gurio]
wensen (ww)	augurare (vt)	[augu'rare]

verbazing (de)	sorpresa (f)	[sor'preza]
verbazen (verwonderen)	sorprendere (vt)	[sor'prendere]
verbaasd zijn (ww)	stupirsi (vr)	[stu'pirsi]

geven (ww)	dare (vt)	['dare]
nemen (ww)	prendere (vt)	['prendere]
teruggeven (ww)	rendere (vt)	['rendere]
retourneren (ww)	restituire (vt)	[restitu'ire]

zich verontschuldigen	scusarsi (vr)	[sku'zarsi]
verontschuldiging (de)	scusa (f)	['skuza]
vergeven (ww)	perdonare (vt)	[perdo'nare]

spreken (ww)	parlare (vi, vt)	[par'lare]
luisteren (ww)	ascoltare (vi)	[askol'tare]
aanhoren (ww)	ascoltare fino in fondo	[askol'tare 'fino in 'fondo]
begrijpen (ww)	capire (vt)	[ka'pire]

tonen (ww)	mostrare (vt)	[mo'strare]
kijken naar ...	guardare (vt)	[gwar'dare]
roepen (vragen te komen)	chiamare (vt)	[kja'mare]
storen (lastigvallen)	disturbare (vt)	[distur'bare]
doorgeven (ww)	consegnare (vt)	[konse'ɲare]

verzoek (het)	richiesta (f)	[ri'kjesta]
verzoeken (ww)	chiedere (vt)	['kjedere]
eis (de)	esigenza (f)	[ezi'dʒentsa]
eisen (met klem vragen)	esigere (vt)	[e'zidʒere]

beledigen (beledigende namen geven)	stuzzicare (vt)	[stuttsi'kare]
uitlachen (ww)	canzonare (vt)	[kantso'nare]
spot (de)	burla (f), beffa (f)	['burla], ['beffa]
bijnaam (de)	soprannome (m)	[sopran'nome]

zinspeling (de)	allusione (f)	[allu'zjone]
zinspelen (ww)	alludere (vi)	[al'ludere]
impliceren (duiden op)	intendere (vt)	[in'tendere]

beschrijving (de)	descrizione (f)	[deskri'tsjone]
beschrijven (ww)	descrivere (vt)	[de'skrivere]
lof (de)	lode (f)	['lode]
loven (ww)	lodare (vt)	[lo'dare]

teleurstelling (de)	delusione (f)	[delu'zjone]
teleurstellen (ww)	deludere (vt)	[de'ludere]
teleurgesteld zijn (ww)	rimanere deluso	[rima'nere de'luzo]

veronderstelling (de)	supposizione (f)	[suppozi'tsjone]
veronderstellen (ww)	supporre (vt)	[sup'porre]
waarschuwing (de)	avvertimento (m)	[avverti'mento]
waarschuwen (ww)	avvertire (vt)	[avver'tire]

64. Discussie, conversatie. Deel 3

aanpraten (ww)	persuadere (vt)	[persua'dere]
kalmeren (kalm maken)	tranquillizzare (vt)	[trankwillid'dzare]
stilte (de)	silenzio (m)	[si'lentsio]
zwijgen (ww)	tacere (vi)	[ta'tʃere]
fluisteren (ww)	sussurrare (vt)	[sussur'rare]
gefluister (het)	sussurro (m)	[sus'surro]
open, eerlijk (bw)	francamente	[franka'mente]
volgens mij …	secondo me …	[se'kondo me]
detail (het)	dettaglio (m)	[det'taʎʎo]
gedetailleerd (bn)	dettagliato	[dettaʎ'ʎato]
gedetailleerd (bw)	dettagliatamente	[dettaʎʎata'mente]
hint (de)	suggerimento (m)	[sudʒeri'mento]
een hint geven	suggerire (vt)	[sudʒe'rire]
blik (de)	sguardo (m)	['zgwardo]
een kijkje nemen	gettare uno sguardo	[dʒet'tare 'uno 'zgwardo]
strak (een ~ke blik)	fisso	['fisso]
knipperen (ww)	battere le palpebre	['battere le 'palpebre]
knipogen (ww)	ammiccare (vi)	[ammik'kare]
knikken (ww)	accennare col capo	[atʃen'nare kol 'kapo]
zucht (de)	sospiro (m)	[sos'piro]
zuchten (ww)	sospirare (vi)	[sospi'rare]
huiveren (ww)	sussultare (vi)	[sussul'tare]
gebaar (het)	gesto (m)	['dʒesto]
aanraken (ww)	toccare (vt)	[tok'kare]
grijpen (ww)	afferrare (vt)	[affer'rare]
een schouderklopje geven	picchiettare (vt)	[pikjet'tare]
Kijk uit!	Attenzione!	[atten'tsjone]
Echt?	Davvero?	[dav'vero]
Bent je er zeker van?	Sei sicuro?	[sej si'kuro]
Succes!	Buona fortuna!	[bu'ona for'tuna]
Juist, ja!	Capito!	[ka'pito]
Wat jammer!	Peccato!	[pek'kato]

65. Overeenstemming. Weigering

instemming (het)	accordo (m)	[ak'kordo]
instemmen (akkoord gaan)	essere d'accordo	['essere dak'kordo]
goedkeuring (de)	approvazione (f)	[approva'tsjone]
goedkeuren (ww)	approvare (vt)	[appro'vare]
weigering (de)	rifiuto (m)	[ri'fjuto]
weigeren (ww)	rifiutarsi (vr)	[rifju'tarsi]
Geweldig!	Perfetto!	[per'fetto]
Goed!	Va bene!	[va 'bene]

Akkoord!	D'accordo!	[dak'kordo]
verboden (bn)	vietato, proibito	[vje'tato], [proi'bito]
het is verboden	è proibito	[e proi'bito]
het is onmogelijk	è impossibile	[e impos'sibile]
onjuist (bn)	sbagliato	[zbaʎ'ʎato]
afwijzen (ww)	respingere (vt)	[re'spindʒere]
steunen	sostenere (vt)	[soste'nere]
(een goed doel, enz.)		
aanvaarden (excuses ~)	accettare (vt)	[atʃet'tare]
bevestigen (ww)	confermare (vt)	[konfer'mare]
bevestiging (de)	conferma (f)	[kon'ferma]
toestemming (de)	permesso (m)	[per'messo]
toestaan (ww)	permettere (vt)	[per'mettere]
beslissing (de)	decisione (f)	[detʃi'zjone]
z'n mond houden (ww)	non dire niente	[non 'dire 'njente]
voorwaarde (de)	condizione (f)	[kondi'tsjone]
smoes (de)	pretesto (m)	[pre'testo]
lof (de)	lode (f)	['lode]
loven (ww)	lodare (vt)	[lo'dare]

66. Succes. Veel geluk. Mislukking

succes (het)	successo (m)	[su'tʃesso]
succesvol (bw)	con successo	[kon su'tʃesso]
succesvol (bn)	ben riuscito	[ben riu'ʃito]
geluk (het)	fortuna (f)	[for'tuna]
Succes!	Buona fortuna!	[bu'ona for'tuna]
geluks- (bn)	felice, fortunato	[fe'litʃe], [fortu'nato]
gelukkig (fortuinlijk)	fortunato	[fortu'nato]
mislukking (de)	fiasco (m)	[fi'asko]
tegenslag (de)	disdetta (f)	[diz'detta]
pech (de)	sfortuna (f)	[sfor'tuna]
zonder succes (bn)	fallito	[fal'lito]
catastrofe (de)	disastro (m)	[di'zastro]
fierheid (de)	orgoglio (m)	[or'goʎʎo]
fier (bn)	orgoglioso	[orgoʎ'ʎozo]
fier zijn (ww)	essere fiero di ...	['essere 'fjero di]
winnaar (de)	vincitore (m)	[vintʃi'tore]
winnen (ww)	vincere (vi)	['vintʃere]
verliezen (ww)	perdere (vi)	['perdere]
poging (de)	tentativo (m)	[tenta'tivo]
pogen, proberen (ww)	tentare (vi)	[ten'tare]
kans (de)	chance (f)	[ʃans]

67. Ruzies. Negatieve emoties

schreeuw (de)	grido (m)	['grido]
schreeuwen (ww)	gridare (vi)	[gri'dare]
beginnen te schreeuwen	mettersi a gridare	['mettersi a gri'dare]
ruzie (de)	litigio (m)	[li'tidʒo]
ruzie hebben (ww)	litigare (vi)	[liti'gare]
schandaal (het)	lite (f)	['lite]
schandaal maken (ww)	litigare (vi)	[liti'gare]
conflict (het)	conflitto (m)	[kon'flitto]
misverstand (het)	fraintendimento (m)	[fraintendi'mento]
belediging (de)	insulto (m)	[in'sulto]
beledigen	insultare (vt)	[insul'tare]
(met scheldwoorden)		
beledigd (bn)	offeso	[of'fezo]
krenking (de)	offesa (f)	[of'feza]
krenken (beledigen)	offendere (vt)	[of'fendere]
gekwetst worden (ww)	offendersi (vr)	[of'fendersi]
verontwaardiging (de)	indignazione (f)	[indiɲa'tsjone]
verontwaardigd zijn (ww)	indignarsi (vr)	[indi'ɲarsi]
klacht (de)	lamentela (f)	[lamen'tela]
klagen (ww)	lamentarsi (vr)	[lamen'tarsi]
verontschuldiging (de)	scusa (f)	['skuza]
zich verontschuldigen	scusarsi (vr)	[sku'zarsi]
excuus vragen	chiedere scusa	['kjedere 'skuza]
kritiek (de)	critica (f)	['kritika]
bekritiseren (ww)	criticare (vt)	[kriti'kare]
beschuldiging (de)	accusa (f)	[ak'kuza]
beschuldigen (ww)	accusare (vt)	[akku'zare]
wraak (de)	vendetta (f)	[ven'detta]
wreken (ww)	vendicare (vt)	[vendi'kare]
wraak nemen (ww)	vendicarsi (vr)	[vendi'karsi]
minachting (de)	disprezzo (m)	[dis'prettso]
minachten (ww)	disprezzare (vt)	[dispret'tsare]
haat (de)	odio (m)	['odio]
haten (ww)	odiare (vt)	[odi'are]
zenuwachtig (bn)	nervoso	[ner'vozo]
zenuwachtig zijn (ww)	essere nervoso	['essere ner'vozo]
boos (bn)	arrabbiato	[arrab'bjato]
boos maken (ww)	fare arrabbiare	['fare arrab'bjare]
vernedering (de)	umiliazione (f)	[umilja'tsjone]
vernederen (ww)	umiliare (vt)	[umi'ljare]
zich vernederen (ww)	umiliarsi (vr)	[umi'ljarsi]
schok (de)	shock (m)	[ʃok]
schokken (ww)	scandalizzare (vt)	[skandalid'dzare]

onaangenaamheid (de)	**problema** (m)	[pro'blema]
onaangenaam (bn)	**spiacevole**	[spja'tʃevole]
vrees (de)	**spavento** (m), **paura** (f)	[spa'vento], [pa'ura]
vreselijk (bijv. ~ onweer)	**terribile**	[ter'ribile]
eng (bn)	**spaventoso**	[spaven'toso]
gruwel (de)	**orrore** (m)	[or'rore]
vreselijk (~ nieuws)	**orrendo**	[orrendo]
beginnen te beven	**cominciare a tremare**	[komin'tʃare a tre'mare]
huilen (wenen)	**piangere** (vi)	['pjandʒere]
beginnen te huilen (wenen)	**mettersi a piangere**	['mettersi a 'pjandʒere]
traan (de)	**lacrima** (f)	['lakrima]
schuld (~ geven aan)	**colpa** (f)	['kolpa]
schuldgevoel (het)	**senso** (m) **di colpa**	['senso di 'kolpa]
schande (de)	**vergogna** (f)	[ver'goɲa]
protest (het)	**protesta** (f)	[pro'testa]
stress (de)	**stress** (m)	['stress]
storen (lastigvallen)	**disturbare** (vt)	[distur'bare]
kwaad zijn (ww)	**essere arrabbiato**	['essere arrab'bjato]
kwaad (bn)	**arrabbiato**	[arrab'bjato]
beëindigen (een relatie ~)	**porre fine a ...**	['porre 'fine a]
vloeken (ww)	**rimproverare** (vt)	[rimprove'rare]
schrikken (schrik krijgen)	**spaventarsi** (vr)	[spaven'tarsi]
slaan (iemand ~)	**colpire** (vt)	[kol'pire]
vechten (ww)	**picchiarsi** (vr)	[pik'kjarsi]
regelen (conflict)	**regolare** (vt)	[rego'lare]
ontevreden (bn)	**scontento**	[skon'tento]
woedend (bn)	**furioso**	[fu'rjozo]
Dat is niet goed!	**Non sta bene!**	[non sta 'bene]
Dat is slecht!	**Fa male!**	[fa 'male]

Geneeskunde

68. Ziekten

ziekte (de)	malattia (f)	[malat'tia]
ziek zijn (ww)	essere malato	['essere ma'lato]
gezondheid (de)	salute (f)	[sa'lute]

snotneus (de)	raffreddore (m)	[raffred'dore]
angina (de)	tonsillite (f)	[tonsil'lite]
verkoudheid (de)	raffreddore (m)	[raffred'dore]
verkouden raken (ww)	raffreddarsi (vr)	[raffred'darsi]

bronchitis (de)	bronchite (f)	[bron'kite]
longontsteking (de)	polmonite (f)	[polmo'nite]
griep (de)	influenza (f)	[influ'entsa]

bijziend (bn)	miope	['miope]
verziend (bn)	presbite	['prezbite]
scheelheid (de)	strabismo (m)	[stra'bizmo]
scheel (bn)	strabico	['strabiko]
grauwe staar (de)	cateratta (f)	[kate'ratta]
glaucoom (het)	glaucoma (m)	[glau'koma]

beroerte (de)	ictus (m) cerebrale	['iktus ʧere'brale]
hartinfarct (het)	attacco (m) di cuore	[at'tako di ku'ore]
myocardiaal infarct (het)	infarto (m) miocardico	[in'farto miokar'diko]
verlamming (de)	paralisi (f)	[pa'ralizi]
verlammen (ww)	paralizzare (vt)	[paralid'dzare]

allergie (de)	allergia (f)	[aller'dʒia]
astma (de/het)	asma (f)	['azma]
diabetes (de)	diabete (m)	[dia'bete]

tandpijn (de)	mal (m) di denti	[mal di 'denti]
tandbederf (het)	carie (f)	['karie]

diarree (de)	diarrea (f)	[diar'rea]
constipatie (de)	stitichezza (f)	[stiti'kettsa]
maagstoornis (de)	disturbo (m) gastrico	[di'sturbo 'gastriko]
voedselvergiftiging (de)	intossicazione (f) alimentare	[intossika'tsjone alimen'tare]
voedselvergiftiging oplopen	intossicarsi (vr)	[intossi'karsi]

artritis (de)	artrite (f)	[ar'trite]
rachitis (de)	rachitide (f)	[ra'kitide]
reuma (het)	reumatismo (m)	[reuma'tizmo]
arteriosclerose (de)	aterosclerosi (f)	[ateroskle'rozi]

gastritis (de)	gastrite (f)	[ga'strite]
blindedarmontsteking (de)	appendicite (f)	[appendi'ʧite]

galblaasontsteking (de)	colecistite (f)	[koletʃi'stite]
zweer (de)	ulcera (f)	['ultʃera]

mazelen (mv.)	morbillo (m)	[mor'billo]
rodehond (de)	rosolia (f)	[rozo'lia]
geelzucht (de)	itterizia (f)	[itte'ritsia]
leverontsteking (de)	epatite (f)	[epa'tite]

schizofrenie (de)	schizofrenia (f)	[skidzofre'nia]
dolheid (de)	rabbia (f)	['rabbia]
neurose (de)	nevrosi (f)	[ne'vrozi]
hersenschudding (de)	commozione (f) cerebrale	[kommo'tsjone tʃere'brale]

kanker (de)	cancro (m)	['kankro]
sclerose (de)	sclerosi (f)	[skle'rozi]
multiple sclerose (de)	sclerosi (f) multipla	[skle'rozi 'multipla]

alcoholisme (het)	alcolismo (m)	[alko'lizmo]
alcoholicus (de)	alcolizzato (m)	[alkolid'dzato]
syfilis (de)	sifilide (f)	[si'filide]
AIDS (de)	AIDS (m)	['aids]

tumor (de)	tumore (m)	[tu'more]
kwaadaardig (bn)	maligno	[ma'liɲo]
goedaardig (bn)	benigno	[be'niɲo]
koorts (de)	febbre (f)	['febbre]
malaria (de)	malaria (f)	[ma'laria]
gangreen (het)	cancrena (f)	[kan'krena]
zeeziekte (de)	mal (m) di mare	[mal di 'mare]
epilepsie (de)	epilessia (f)	[epiles'sia]

epidemie (de)	epidemia (f)	[epide'mia]
tyfus (de)	tifo (m)	['tifo]
tuberculose (de)	tubercolosi (f)	[tuberko'lozi]
cholera (de)	colera (m)	[ko'lera]
pest (de)	peste (f)	['peste]

69. Symptomen. Behandelingen. Deel 1

symptoom (het)	sintomo (m)	['sintomo]
temperatuur (de)	temperatura (f)	[tempera'tura]
verhoogde temperatuur (de)	febbre (f) alta	['febbre 'alta]
polsslag (de)	polso (m)	['polso]

duizeling (de)	capogiro (m)	[kapo'dʒiro]
heet (erg warm)	caldo	['kaldo]
koude rillingen (mv.)	brivido (m)	['brivido]
bleek (bn)	pallido	['pallido]

hoest (de)	tosse (f)	['tosse]
hoesten (ww)	tossire (vi)	[tos'sire]
niezen (ww)	starnutire (vi)	[starnu'tire]
flauwte (de)	svenimento (m)	[zveni'mento]
flauwvallen (ww)	svenire (vi)	[zve'nire]

blauwe plek (de)	livido (m)	['livido]
buil (de)	bernoccolo (m)	[ber'nokkolo]
zich stoten (ww)	farsi un livido	['farsi un 'livido]
kneuzing (de)	contusione (f)	[kontu'zjone]
kneuzen (gekneusd zijn)	farsi male	['farsi 'male]

hinken (ww)	zoppicare (vi)	[dzoppi'kare]
verstuiking (de)	slogatura (f)	[zloga'tura]
verstuiken (enkel, enz.)	slogarsi (vr)	[zlo'garsi]
breuk (de)	frattura (f)	[frat'tura]
een breuk oplopen	fratturarsi (vr)	[frattu'rarsi]

snijwond (de)	taglio (m)	['taʎʎo]
zich snijden (ww)	tagliarsi (vr)	[taʎ'ʎarsi]
bloeding (de)	emorragia (f)	[emorra'dʒia]

| brandwond (de) | scottatura (f) | [skotta'tura] |
| zich branden (ww) | scottarsi (vr) | [skot'tarsi] |

prikken (ww)	pungere (vt)	['pundʒere]
zich prikken (ww)	pungersi (vr)	['pundʒersi]
blesseren (ww)	ferire (vt)	[fe'rire]
blessure (letsel)	ferita (f)	[fe'rita]
wond (de)	lesione (f)	[le'zjone]
trauma (het)	trauma (m)	['trauma]

ijlen (ww)	delirare (vi)	[deli'rare]
stotteren (ww)	tartagliare (vi)	[tartaʎ'ʎare]
zonnesteek (de)	colpo (m) di sole	['kolpo di 'sole]

70. Symptomen. Behandelingen. Deel 2

| pijn (de) | dolore (m), male (m) | [do'lore], ['male] |
| splinter (de) | scheggia (f) | ['skedʒa] |

zweet (het)	sudore (m)	[su'dore]
zweten (ww)	sudare (vi)	[su'dare]
braking (de)	vomito (m)	['vomito]
stuiptrekkingen (mv.)	convulsioni (f pl)	[konvul'sjoni]

zwanger (bn)	incinta	[in'tʃinta]
geboren worden (ww)	nascere (vi)	['naʃere]
geboorte (de)	parto (m)	['parto]
baren (ww)	essere in travaglio	['essere in tra'vaʎʎo]
abortus (de)	aborto (m)	[a'borto]

ademhaling (de)	respirazione (f)	[respira'tsjone]
inademing (de)	inspirazione (f)	[inspira'tsjone]
uitademing (de)	espirazione (f)	[espira'tsjone]
uitademen (ww)	espirare (vi)	[espi'rare]
inademen (ww)	inspirare (vi)	[inspi'rare]

| invalide (de) | invalido (m) | [in'valido] |
| gehandicapte (de) | storpio (m) | ['storpjo] |

drugsverslaafde (de)	**battaglia** (f)	[bat'taʎʎa]
doof (bn)	**sordo**	['sordo]
stom (bn)	**muto**	['muto]
doofstom (bn)	**sordomuto**	[sordo'muto]
krankzinnig (bn)	**matto**	['matto]
krankzinnige (man)	**matto** (m)	['matto]
krankzinnige (vrouw)	**matta** (f)	['matta]
krankzinnig worden	**impazzire** (vi)	[impat'tsire]
gen (het)	**gene** (m)	['dʒene]
immuniteit (de)	**immunità** (f)	[immuni'ta]
erfelijk (bn)	**ereditario**	[eredi'tario]
aangeboren (bn)	**innato**	[in'nato]
virus (het)	**virus** (m)	['virus]
microbe (de)	**microbo** (m)	['mikrobo]
bacterie (de)	**batterio** (m)	[bat'terio]
infectie (de)	**infezione** (f)	[infe'tsjone]

71. Symptomen. Behandelingen. Deel 3

ziekenhuis (het)	**ospedale** (m)	[ospe'dale]
patiënt (de)	**paziente** (m)	[pa'tsjente]
diagnose (de)	**diagnosi** (f)	[di'aɲozi]
genezing (de)	**cura** (f)	['kura]
medische behandeling (de)	**trattamento** (m)	[tratta'mento]
onder behandeling zijn	**curarsi** (vr)	[ku'rarsi]
behandelen (ww)	**curare** (vt)	[ku'rare]
zorgen (zieken ~)	**accudire**	[akku'dire]
ziekenzorg (de)	**assistenza** (f)	[assi'stentsa]
operatie (de)	**operazione** (f)	[opera'tsjone]
verbinden (een arm ~)	**bendare** (vt)	[ben'dare]
verband (het)	**fasciatura** (f)	[faʃa'tura]
vaccin (het)	**vaccinazione** (f)	[vatʃina'tsjone]
inenten (vaccineren)	**vaccinare** (vt)	[vatʃi'nare]
injectie (de)	**iniezione** (f)	[inje'tsjone]
een injectie geven	**fare una puntura**	['fare 'una pun'tura]
aanval (de)	**attacco** (m)	[at'takko]
amputatie (de)	**amputazione** (f)	[amputa'tsjone]
amputeren (ww)	**amputare** (vt)	[ampu'tare]
coma (het)	**coma** (m)	['koma]
in coma liggen	**essere in coma**	['essere in 'koma]
intensieve zorg, ICU (de)	**rianimazione** (f)	[rianima'tsjone]
zich herstellen (ww)	**guarire** (vi)	[gwa'rire]
toestand (de)	**stato** (f)	['stato]
bewustzijn (het)	**conoscenza** (f)	[kono'ʃentsa]
geheugen (het)	**memoria** (f)	[me'moria]
trekken (een kies ~)	**estrarre** (vt)	[e'strarre]

| vulling (de) | otturazione (f) | [ottura'tsjone] |
| vullen (ww) | otturare (vt) | [ottu'rare] |

| hypnose (de) | ipnosi (f) | [ip'nozi] |
| hypnotiseren (ww) | ipnotizzare (vt) | [ipnotid'dzare] |

72. Artsen

dokter, arts (de)	medico (m)	['mediko]
ziekenzuster (de)	infermiera (f)	[infer'mjera]
lijfarts (de)	medico (m) personale	['mediko perso'nale]

tandarts (de)	dentista (m)	[den'tista]
oogarts (de)	oculista (m)	[oku'lista]
therapeut (de)	internista (m)	[inter'nista]
chirurg (de)	chirurgo (m)	[ki'rurgo]

psychiater (de)	psichiatra (m)	[psiki'atra]
pediater (de)	pediatra (m)	[pedi'atra]
psycholoog (de)	psicologo (m)	[psi'kologo]
gynaecoloog (de)	ginecologo (m)	[dʒine'kologo]
cardioloog (de)	cardiologo (m)	[kar'djologo]

73. Geneeskunde. Medicijnen. Accessoires

geneesmiddel (het)	medicina (f)	[medi'tʃina]
middel (het)	rimedio (m)	[ri'medio]
voorschrijven (ww)	prescrivere (vt)	[pres'krivere]
recept (het)	prescrizione (f)	[preskri'tsjone]

tablet (de/het)	compressa (f)	[kom'pressa]
zalf (de)	unguento (m)	[un'gwento]
ampul (de)	fiala (f)	[fi'ala]
drank (de)	pozione (f)	[po'tsjone]
siroop (de)	sciroppo (m)	[ʃi'roppo]
pil (de)	pillola (f)	['pillola]
poeder (de/het)	polverina (f)	[polve'rina]

verband (het)	benda (f)	['benda]
watten (mv.)	ovatta (f)	[o'vatta]
jodium (het)	iodio (m)	[i'odio]

pleister (de)	cerotto (m)	[tʃe'rotto]
pipet (de)	contagocce (m)	[konta'gotʃe]
thermometer (de)	termometro (m)	[ter'mometro]
spuit (de)	siringa (f)	[si'ringa]

| rolstoel (de) | sedia (f) a rotelle | ['sedia a ro'telle] |
| krukken (mv.) | stampelle (f pl) | [stam'pelle] |

| pijnstiller (de) | analgesico (m) | [anal'dʒeziko] |
| laxeermiddel (het) | lassativo (m) | [lassa'tivo] |

spiritus (de)	alcol (m)	[al'kol]
medicinale kruiden (mv.)	erba (f) officinale	['erba offitʃi'nale]
kruiden- (abn)	d'erbe	['derbe]

74. Roken. Tabaksproducten

tabak (de)	tabacco (m)	[ta'bakko]
sigaret (de)	sigaretta (f)	[siga'retta]
sigaar (de)	sigaro (m)	['sigaro]
pijp (de)	pipa (f)	['pipa]
pakje (~ sigaretten)	pacchetto (m)	[pak'ketto]

lucifers (mv.)	fiammiferi (m pl)	[fjam'miferi]
luciferdoosje (het)	scatola (f) di fiammiferi	['skatola di fjam'miferi]
aansteker (de)	accendino (m)	[atʃen'dino]
asbak (de)	portacenere (m)	[porta·'tʃenere]
sigarettendoosje (het)	portasigarette (m)	[porta·siga'rette]

| sigarettenpijpje (het) | bocchino (m) | [bok'kino] |
| filter (de/het) | filtro (m) | ['filtro] |

roken (ww)	fumare (vi, vt)	[fu'mare]
een sigaret opsteken	accendere una sigaretta	[a'tʃendere 'una siga'retta]
roken (het)	fumo (m)	['fumo]
roker (de)	fumatore (m)	[fuma'tore]

peuk (de)	cicca (f)	['tʃikka]
rook (de)	fumo (m)	['fumo]
as (de)	cenere (f)	['tʃenere]

HET MENSELIJKE LEEFGEBIED

Stad

stad (de)	città (f)	[tʃit'ta]
hoofdstad (de)	capitale (f)	[kapi'tale]
dorp (het)	villaggio (m)	[vil'ladʒo]
plattegrond (de)	mappa (f) della città	['mappa 'della tʃit'ta]
centrum (ov. een stad)	centro (m) della città	['tʃentro 'della tʃit'ta]
voorstad (de)	sobborgo (m)	[sob'borgo]
voorstads- (abn)	suburbano	[subur'bano]
randgemeente (de)	periferia (f)	[perife'ria]
omgeving (de)	dintorni (m pl)	[din'torni]
blok (huizenblok)	isolato (m)	[izo'lato]
woonwijk (de)	quartiere (m) residenziale	[kwar'tjere reziden'tsjale]
verkeer (het)	traffico (m)	['traffiko]
verkeerslicht (het)	semaforo (m)	[se'maforo]
openbaar vervoer (het)	trasporti (m pl) urbani	[tras'porti ur'bani]
kruispunt (het)	incrocio (m)	[in'krotʃo]
zebrapad (oversteekplaats)	passaggio (m) pedonale	[pas'sadʒo pedo'nale]
onderdoorgang (de)	sottopassaggio (m)	[sotto·pas'sadʒo]
oversteken (de straat ~)	attraversare (vt)	[attraver'sare]
voetganger (de)	pedone (m)	[pe'done]
trottoir (het)	marciapiede (m)	[martʃa'pjede]
brug (de)	ponte (m)	['ponte]
dijk (de)	banchina (f)	[baŋ'kina]
fontein (de)	fontana (f)	[fon'tana]
allee (de)	vialetto (m)	[via'letto]
park (het)	parco (m)	['parko]
boulevard (de)	boulevard (m)	[bul'var]
plein (het)	piazza (f)	['pjattsa]
laan (de)	viale (m), corso (m)	[vi'ale], ['korso]
straat (de)	via (f), strada (f)	['via], ['strada]
zijstraat (de)	vicolo (m)	['vikolo]
doodlopende straat (de)	vicolo (m) cieco	['vikolo 'tʃeko]
huis (het)	casa (f)	['kaza]
gebouw (het)	edificio (m)	[edi'fitʃo]
wolkenkrabber (de)	grattacielo (m)	[gratta'tʃelo]
gevel (de)	facciata (f)	[fa'tʃata]
dak (het)	tetto (m)	['tetto]

venster (het)	finestra (f)	[fi'nestra]
boog (de)	arco (m)	['arko]
pilaar (de)	colonna (f)	[ko'lonna]
hoek (ov. een gebouw)	angolo (m)	['angolo]

vitrine (de)	vetrina (f)	[ve'trina]
gevelreclame (de)	insegna (f)	[in'seɲa]
affiche (de/het)	cartellone (m)	[kartel'lone]
reclameposter (de)	cartellone (m) pubblicitario	[kartel'lone pubbliʧi'tario]
aanplakbord (het)	tabellone (m) pubblicitario	[tabel'lone pubbliʧi'tario]

vuilnis (de/het)	pattume (m), spazzatura (f)	[pat'tume], [spattsa'tura]
vuilnisbak (de)	pattumiera (f)	[pattu'mjera]
afval weggooien (ww)	sporcare (vi)	[spor'kare]
stortplaats (de)	discarica (f) di rifiuti	[dis'karika di ri'fjuti]

telefooncel (de)	cabina (f) telefonica	[ka'bina tele'fonika]
straatlicht (het)	lampione (m)	[lam'pjone]
bank (de)	panchina (f)	[paɲ'kina]

politieagent (de)	poliziotto (m)	[poli'tsjotto]
politie (de)	polizia (f)	[poli'tsia]
zwerver (de)	mendicante (m)	[mendi'kante]
dakloze (de)	barbone (m)	[bar'bone]

76. Stedelijke instellingen

winkel (de)	negozio (m)	[ne'gotsio]
apotheek (de)	farmacia (f)	[farma'ʧia]
optiek (de)	ottica (f)	['ottika]
winkelcentrum (het)	centro (m) commerciale	['ʧentro kommer'ʧale]
supermarkt (de)	supermercato (m)	[supermer'kato]

bakkerij (de)	panetteria (f)	[panette'ria]
bakker (de)	fornaio (m)	[for'najo]
banketbakkerij (de)	pasticceria (f)	[pastiʧe'ria]
kruidenier (de)	drogheria (f)	[droge'ria]
slagerij (de)	macelleria (f)	[maʧelle'ria]

| groentewinkel (de) | fruttivendolo (m) | [frutti'vendolo] |
| markt (de) | mercato (m) | [mer'kato] |

koffiehuis (het)	caffè (m)	[kaf'fe]
restaurant (het)	ristorante (m)	[risto'rante]
bar (de)	birreria (f), pub (m)	[birre'ria], [pab]
pizzeria (de)	pizzeria (f)	[pittse'ria]

kapperssalon (de/het)	salone (m) di parrucchiere	[sa'lone di parruk'kjere]
postkantoor (het)	ufficio (m) postale	[uf'fiʧo po'stale]
stomerij (de)	lavanderia (f) a secco	[lavande'ria a 'sekko]
fotostudio (de)	studio (m) fotografico	['studio foto'grafiko]

| schoenwinkel (de) | negozio (m) di scarpe | [ne'gotsio di 'skarpe] |
| boekhandel (de) | libreria (f) | [libre'ria] |

sportwinkel (de)	negozio (m) sportivo	[ne'gotsio spor'tivo]
kledingreparatie (de)	riparazione (f) di abiti	[ripara'tsjone di 'abiti]
kledingverhuur (de)	noleggio (m) di abiti	[no'ledʒo di 'abiti]
videotheek (de)	noleggio (m) di film	[no'ledʒo di film]

circus (de/het)	circo (m)	['tʃirko]
dierentuin (de)	zoo (m)	['dzoo]
bioscoop (de)	cinema (m)	['tʃinema]
museum (het)	museo (m)	[mu'zeo]
bibliotheek (de)	biblioteca (f)	[biblio'teka]

theater (het)	teatro (m)	[te'atro]
opera (de)	teatro (m) dell'opera	[te'atro dell 'opera]
nachtclub (de)	locale notturno (m)	[lo'kale not'turno]
casino (het)	casinò (m)	[kazi'no]

moskee (de)	moschea (f)	[mos'kea]
synagoge (de)	sinagoga (f)	[sina'goga]
kathedraal (de)	cattedrale (f)	[katte'drale]
tempel (de)	tempio (m)	['tempjo]
kerk (de)	chiesa (f)	['kjeza]

instituut (het)	istituto (m)	[isti'tuto]
universiteit (de)	università (f)	[universi'ta]
school (de)	scuola (f)	['skwola]

gemeentehuis (het)	prefettura (f)	[prefet'tura]
stadhuis (het)	municipio (m)	[muni'tʃipio]
hotel (het)	albergo (m)	[al'bergo]
bank (de)	banca (f)	['banka]

ambassade (de)	ambasciata (f)	[amba'ʃata]
reisbureau (het)	agenzia (f) di viaggi	[adʒen'tsia di 'vjadʒi]
informatieloket (het)	ufficio (m) informazioni	[uf'fitʃo informa'tsjoni]
wisselkantoor (het)	ufficio (m) dei cambi	[uf'fitʃo dei 'kambi]

| metro (de) | metropolitana (f) | [metropoli'tana] |
| ziekenhuis (het) | ospedale (m) | [ospe'dale] |

| benzinestation (het) | distributore (m) di benzina | [distribu'tore di ben'dzina] |
| parking (de) | parcheggio (m) | [par'kedʒo] |

77. Stedelijk vervoer

bus, autobus (de)	autobus (m)	['autobus]
tram (de)	tram (m)	[tram]
trolleybus (de)	filobus (m)	['filobus]
route (de)	itinerario (m)	[itine'rario]
nummer (busnummer, enz.)	numero (m)	['numero]

rijden met ...	andare in ...	[an'dare in]
stappen (in de bus ~)	salire su ...	[sa'lire su]
afstappen (ww)	scendere da ...	['ʃendere da]
halte (de)	fermata (f)	[fer'mata]

volgende halte (de)	**prossima fermata** (f)	['prossima fer'mata]
eindpunt (het)	**capolinea** (m)	[kapo'linea]
dienstregeling (de)	**orario** (m)	[o'rario]
wachten (ww)	**aspettare** (vt)	[aspet'tare]
kaartje (het)	**biglietto** (m)	[biʎ'ʎetto]
reiskosten (de)	**prezzo** (m) **del biglietto**	['prettso del biʎ'ʎetto]
kassier (de)	**cassiere** (m)	[kas'sjere]
kaartcontrole (de)	**controllo** (m) **dei biglietti**	[kon'trollo dei biʎ'ʎeti]
controleur (de)	**bigliettaio** (m)	[biʎʎet'tajo]
te laat zijn (ww)	**essere in ritardo**	['essere in ri'tardo]
missen (de bus ~)	**perdere** (vt)	['perdere]
zich haasten (ww)	**avere fretta**	[a'vere 'fretta]
taxi (de)	**taxi** (m)	['taksi]
taxichauffeur (de)	**taxista** (m)	[ta'ksista]
met de taxi (bw)	**in taxi**	[in 'taksi]
taxistandplaats (de)	**parcheggio** (m) **di taxi**	[par'kedʒo di 'taksi]
een taxi bestellen	**chiamare un taxi**	[kja'mare un 'taksi]
een taxi nemen	**prendere un taxi**	['prendere un 'taksi]
verkeer (het)	**traffico** (m)	['traffiko]
file (de)	**ingorgo** (m)	[in'gorgo]
spitsuur (het)	**ore** (f pl) **di punta**	['ore di 'punta]
parkeren (on.ww.)	**parcheggiarsi** (vr)	[parke'dʒarsi]
parkeren (ov.ww.)	**parcheggiare** (vt)	[parke'dʒare]
parking (de)	**parcheggio** (m)	[par'kedʒo]
metro (de)	**metropolitana** (f)	[metropoli'tana]
halte (bijv. kleine treinhalte)	**stazione** (f)	[sta'tsjone]
de metro nemen	**prendere la metropolitana**	['prendere la metropoli'tana]
trein (de)	**treno** (m)	['treno]
station (treinstation)	**stazione** (f) **ferroviaria**	[sta'tsjone ferro'vjaria]

78. Bezienswaardigheden

monument (het)	**monumento** (m)	[monu'mento]
vesting (de)	**fortezza** (f)	[for'tettsa]
paleis (het)	**palazzo** (m)	[pa'lattso]
kasteel (het)	**castello** (m)	[ka'stello]
toren (de)	**torre** (f)	['torre]
mausoleum (het)	**mausoleo** (m)	[mauzo'leo]
architectuur (de)	**architettura** (f)	[arkitet'tura]
middeleeuws (bn)	**medievale**	[medje'vale]
oud (bn)	**antico**	[an'tiko]
nationaal (bn)	**nazionale**	[natsio'nale]
bekend (bn)	**famoso**	[fa'mozo]
toerist (de)	**turista** (m)	[tu'rista]
gids (de)	**guida** (f)	['gwida]
rondleiding (de)	**escursione** (f)	[eskur'sjone]

tonen (ww)	fare vedere	['fare ve'dere]
vertellen (ww)	raccontare (vt)	[rakkon'tare]

vinden (ww)	trovare (vt)	[tro'vare]
verdwalen (de weg kwijt zijn)	perdersi (vr)	['perdersi]
plattegrond (~ van de metro)	mappa (f)	['mappa]
plattegrond (~ van de stad)	piantina (f)	[pjan'tina]

souvenir (het)	souvenir (m)	[suve'nir]
souvenirwinkel (de)	negozio (m) di articoli da regalo	[ne'gotsio di ar'tikoli da re'galo]
foto's maken	fare foto	['fare 'foto]
zich laten fotograferen	fotografarsi	[fotogra'farsi]

79. Winkelen

kopen (ww)	comprare (vt)	[kom'prare]
aankoop (de)	acquisto (m)	[a'kwisto]
winkelen (ww)	fare acquisti	['fare a'kwisti]
winkelen (het)	shopping (m)	['ʃopping]

open zijn (ov. een winkel, enz.)	essere aperto	['essere a'perto]
gesloten zijn (ww)	essere chiuso	['essere 'kjuzo]

schoeisel (het)	calzature (f pl)	[kaltsa'ture]
kleren (mv.)	abbigliamento (m)	[abbiʎʎa'mento]
cosmetica (mv.)	cosmetica (f)	[ko'zmetika]
voedingswaren (mv.)	alimentari (m pl)	[alimen'tari]
geschenk (het)	regalo (m)	[re'galo]

verkoper (de)	commesso (m)	[kom'messo]
verkoopster (de)	commessa (f)	[kom'messa]

kassa (de)	cassa (f)	['kassa]
spiegel (de)	specchio (m)	['spekkio]
toonbank (de)	banco (m)	['banko]
paskamer (de)	camerino (m)	[kame'rino]

aanpassen (ww)	provare (vt)	[pro'vare]
passen (ov. kleren)	stare bene	['stare 'bene]
bevallen (prettig vinden)	piacere (vi)	[pja'tʃere]

prijs (de)	prezzo (m)	['prettso]
prijskaartje (het)	etichetta (f) del prezzo	[eti'ketta del 'prettso]
kosten (ww)	costare (vt)	[ko'stare]
Hoeveel?	Quanto?	['kwanto]
korting (de)	sconto (m)	['skonto]

niet duur (bn)	no muy caro	[no muj 'karo]
goedkoop (bn)	a buon mercato	[a bu'on mer'kato]
duur (bn)	caro	['karo]
Dat is duur.	È caro	[e 'karo]
verhuur (de)	noleggio (m)	[no'ledʒo]

huren (smoking, enz.)	noleggiare (vt)	[nole'dʒare]
krediet (het)	credito (m)	['kredito]
op krediet (bw)	a credito	[a 'kredito]

80. Geld

geld (het)	soldi (m pl)	['soldi]
ruil (de)	cambio (m)	['kambio]
koers (de)	corso (m) di cambio	['korso di 'kambio]
geldautomaat (de)	bancomat (m)	['bankomat]
muntstuk (de)	moneta (f)	[mo'neta]

| dollar (de) | dollaro (m) | ['dollaro] |
| euro (de) | euro (m) | ['euro] |

lire (de)	lira (f)	['lira]
Duitse mark (de)	marco (m)	['marko]
frank (de)	franco (m)	['franko]
pond sterling (het)	sterlina (f)	[ster'lina]
yen (de)	yen (m)	[jen]

schuld (geldbedrag)	debito (m)	['debito]
schuldenaar (de)	debitore (m)	[debi'tore]
uitlenen (ww)	prestare (vt)	[pre'stare]
lenen (geld ~)	prendere in prestito	['prendere in 'prestito]

bank (de)	banca (f)	['banka]
bankrekening (de)	conto (m)	['konto]
op rekening storten	versare sul conto	[ver'sare sul 'konto]
opnemen (ww)	prelevare dal conto	[prele'vare dal 'konto]

kredietkaart (de)	carta (f) di credito	['karta di 'kredito]
baar geld (het)	contanti (m pl)	[kon'tanti]
cheque (de)	assegno (m)	[as'seɲo]
een cheque uitschrijven	emettere un assegno	[e'mettere un as'seɲo]
chequeboekje (het)	libretto (m) di assegni	[li'bretto di as'seɲi]

portefeuille (de)	portafoglio (m)	[porta·'foʎʎo]
geldbeugel (de)	borsellino (m)	[borsel'lino]
safe (de)	cassaforte (f)	[kassa'forte]

erfgenaam (de)	erede (m)	[e'rede]
erfenis (de)	eredità (f)	[eredi'ta]
fortuin (het)	fortuna (f)	[for'tuna]

huur (de)	affitto (m)	[af'fitto]
huurprijs (de)	affitto (m)	[af'fitto]
huren (huis, kamer)	affittare (vt)	[affit'tare]

prijs (de)	prezzo (m)	['prettso]
kostprijs (de)	costo (m), prezzo (m)	['kosto], ['prettso]
som (de)	somma (f)	['somma]
uitgeven (geld besteden)	spendere (vt)	['spendere]
kosten (mv.)	spese (f pl)	['speze]

bezuinigen (ww)	economizzare (vi, vt)	[ekonomid'dzare]
zuinig (bn)	economico	[eko'nomiko]

betalen (ww)	pagare (vi, vt)	[pa'gare]
betaling (de)	pagamento (m)	[paga'mento]
wisselgeld (het)	resto (m)	['resto]

belasting (de)	imposta (f)	[im'posta]
boete (de)	multa (f), ammenda (f)	['multa], [am'menda]
beboeten (bekeuren)	multare (vt)	[mul'tare]

81. Post. Postkantoor

postkantoor (het)	posta (f), ufficio (m) postale	['posta], [uf'fitʃo po'stale]
post (de)	posta (f)	['posta]
postbode (de)	postino (m)	[po'stino]
openingsuren (mv.)	orario (m) di apertura	[o'rario di aper'tura]

brief (de)	lettera (f)	['lettera]
aangetekende brief (de)	raccomandata (f)	[rakkoman'data]
briefkaart (de)	cartolina (f)	[karto'lina]
telegram (het)	telegramma (m)	[tele'gramma]
postpakket (het)	pacco (m) postale	['pakko po'stale]
overschrijving (de)	vaglia (m) postale	['vaʎʎa po'stale]

ontvangen (ww)	ricevere (vt)	[ri'tʃevere]
sturen (zenden)	spedire (vt)	[spe'dire]
verzending (de)	invio (m)	[in'vio]

adres (het)	indirizzo (m)	[indi'rittso]
postcode (de)	codice (m) postale	['koditʃe po'stale]
verzender (de)	mittente (m)	[mit'tente]
ontvanger (de)	destinatario (m)	[destina'tario]

naam (de)	nome (m)	['nome]
achternaam (de)	cognome (m)	[ko'ɲome]

tarief (het)	tariffa (f)	[ta'riffa]
standaard (bn)	ordinario	[ordi'nario]
zuinig (bn)	standard	['standar]

gewicht (het)	peso (m)	['pezo]
afwegen (op de weegschaal)	pesare (vt)	[pe'zare]
envelop (de)	busta (f)	['busta]
postzegel (de)	francobollo (m)	[franko'bollo]

Woning. Huis. Thuis

82. Huis. Woning

huis (het)	**casa** (f)	['kaza]
thuis (bw)	**a casa**	[a 'kaza]
cour (de)	**cortile** (m)	[kor'tile]
omheining (de)	**recinto** (m)	[re'tʃinto]
baksteen (de)	**mattone** (m)	[mat'tone]
van bakstenen	**di mattoni**	[di mat'toni]
steen (de)	**pietra** (f)	['pjetra]
stenen (bn)	**di pietra**	[di 'pjetra]
beton (het)	**beton** (m)	[be'ton]
van beton	**di beton**	[di be'ton]
nieuw (bn)	**nuovo**	[nu'ovo]
oud (bn)	**vecchio**	['vekkio]
vervallen (bn)	**fatiscente**	[fati'ʃente]
modern (bn)	**moderno**	[mo'derno]
met veel verdiepingen	**a molti piani**	[a 'molti 'pjani]
hoog (bn)	**alto**	['alto]
verdieping (de)	**piano** (m)	['pjano]
met een verdieping	**di un piano**	[di un 'pjano]
laagste verdieping (de)	**pianoterra** (m)	[pjano'terra]
bovenverdieping (de)	**ultimo piano** (m)	['ultimo 'pjano]
dak (het)	**tetto** (m)	['tetto]
schoorsteen (de)	**ciminiera** (f)	[tʃimi'njera]
dakpan (de)	**tegola** (f)	['tegola]
pannen- (abn)	**di tegole**	[di 'tegole]
zolder (de)	**soffitta** (f)	[sof'fitta]
venster (het)	**finestra** (f)	[fi'nestra]
glas (het)	**vetro** (m)	['vetro]
vensterbank (de)	**davanzale** (m)	[davan'tsale]
luiken (mv.)	**imposte** (f pl)	[im'poste]
muur (de)	**muro** (m)	['muro]
balkon (het)	**balcone** (m)	[bal'kone]
regenpijp (de)	**tubo** (m) **pluviale**	['tubo plu'vjale]
boven (bw)	**su, di sopra**	[su], [di 'sopra]
naar boven gaan (ww)	**andare di sopra**	[an'dare di 'sopra]
afdalen (on.ww.)	**scendere** (vi)	['ʃendere]
verhuizen (ww)	**trasferirsi** (vr)	[trasfe'rirsi]

83. Huis. Ingang. Lift

ingang (de)	entrata (f)	[en'trata]
trap (de)	scala (f)	['skala]
treden (mv.)	gradini (m pl)	[gra'dini]
trapleuning (de)	ringhiera (f)	[rin'gjera]
hal (de)	hall (f)	[oll]
postbus (de)	cassetta (f) della posta	[kas'setta 'della 'posta]
vuilnisbak (de)	secchio (m) della spazzatura	['sekkio 'della spattsa'tura]
vuilniskoker (de)	scivolo (m) per la spazzatura	['ʃivolo per la spattsa'tura]
lift (de)	ascensore (m)	[aʃen'sore]
goederenlift (de)	montacarichi (m)	[monta'kariki]
liftcabine (de)	cabina (f) di ascensore	[ka'bina de aʃen'sore]
de lift nemen	prendere l'ascensore	['prendere laʃen'sore]
appartement (het)	appartamento (m)	[apparta'mento]
bewoners (mv.)	inquilini (m pl)	[inkwi'lini]
buurman (de)	vicino (m)	[vi'ʧino]
buurvrouw (de)	vicina (f)	[vi'ʧina]
buren (mv.)	vicini (m pl)	[vi'ʧini]

84. Huis. Deuren. Sloten

deur (de)	porta (f)	['porta]
toegangspoort (de)	cancello (m)	[kan'ʧello]
deurkruk (de)	maniglia (f)	[ma'niʎʎa]
ontsluiten (ontgrendelen)	togliere il catenaccio	['toʎʎere il kate'natʃo]
openen (ww)	aprire (vt)	[a'prire]
sluiten (ww)	chiudere (vt)	['kjudere]
sleutel (de)	chiave (f)	['kjave]
sleutelbos (de)	mazzo (m)	['mattso]
knarsen (bijv. scharnier)	cigolare (vi)	[ʧigo'lare]
knarsgeluid (het)	cigolio (m)	[ʧigo'lio]
scharnier (het)	cardine (m)	['kardine]
deurmat (de)	zerbino (m)	[dzer'bino]
slot (het)	serratura (f)	[serra'tura]
sleutelgat (het)	buco (m) della serratura	['buko 'della serra'tura]
grendel (de)	chiavistello (m)	[kjavi'stello]
schuif (de)	catenaccio (m)	[kate'natʃo]
hangslot (het)	lucchetto (m)	[luk'ketto]
aanbellen (ww)	suonare (vt)	[suo'nare]
bel (geluid)	suono (m)	[su'ono]
deurbel (de)	campanello (m)	[kampa'nello]
belknop (de)	pulsante (m)	[pul'sante]
geklop (het)	bussata (f)	[bus'sata]
kloppen (ww)	bussare (vi)	[bus'sare]

code (de)	**codice** (m)	['koditʃe]
cijferslot (het)	**serratura** (f) **a codice**	[serra'tura a 'koditʃe]
parlofoon (de)	**citofono** (m)	[tʃi'tofono]
nummer (het)	**numero** (m)	['numero]
naambordje (het)	**targhetta** (f)	[tar'getta]
deurspion (de)	**spioncino** (m)	[spion'tʃino]

85. Huis op het platteland

dorp (het)	**villaggio** (m)	[vil'ladʒo]
moestuin (de)	**orto** (m)	['orto]
hek (het)	**recinto** (m)	[re'tʃinto]
houten hekwerk (het)	**steccato** (m)	[stek'kato]
tuinpoortje (het)	**cancelletto** (m)	[kantʃel'letto]
graanschuur (de)	**granaio** (m)	[gra'najo]
wortelkelder (de)	**cantina** (f), **scantinato** (m)	[kan'tina], [skanti'nato]
schuur (de)	**capanno** (m)	[ka'panno]
waterput (de)	**pozzo** (m)	['pottso]
kachel (de)	**stufa** (f)	['stufa]
de kachel stoken	**attizzare** (vt)	[attid'dzare]
brandhout (het)	**legna** (f) **da ardere**	['leɲa da 'ardere]
houtblok (het)	**ciocco** (m)	['tʃokko]
veranda (de)	**veranda** (f)	[ve'randa]
terras (het)	**terrazza** (f)	[ter'rattsa]
bordes (het)	**scala** (f) **d'ingresso**	['skala din'gresso]
schommel (de)	**altalena** (f)	[alta'lena]

86. Kasteel. Paleis

kasteel (het)	**castello** (m)	[ka'stello]
paleis (het)	**palazzo** (m)	[pa'lattso]
vesting (de)	**fortezza** (f)	[for'tettsa]
ringmuur (de)	**muro** (m)	['muro]
toren (de)	**torre** (f)	['torre]
donjon (de)	**torre** (f) **principale**	['torre printʃi'pale]
valhek (het)	**saracinesca** (f)	[saratʃi'neska]
onderaardse gang (de)	**tunnel** (m)	['tunnel]
slotgracht (de)	**fossato** (m)	[fos'sato]
ketting (de)	**catena** (f)	[ka'tena]
schietgat (het)	**feritoia** (f)	[feri'toja]
prachtig (bn)	**magnifico**	[ma'ɲifiko]
majestueus (bn)	**maestoso**	[mae'stozo]
onneembaar (bn)	**inespugnabile**	[inespu'ɲabile]
middeleeuws (bn)	**medievale**	[medje'vale]

87. Appartement

appartement (het)	appartamento (m)	[apparta'mento]
kamer (de)	camera (f), stanza (f)	['kamera], ['stantsa]
slaapkamer (de)	camera (f) da letto	['kamera da 'letto]
eetkamer (de)	sala (f) da pranzo	['sala da 'prantso]
salon (de)	salotto (m)	[sa'lotto]
studeerkamer (de)	studio (m)	['studio]
gang (de)	ingresso (m)	[in'gresso]
badkamer (de)	bagno (m)	['baɲo]
toilet (het)	gabinetto (m)	[gabi'netto]
plafond (het)	soffitto (m)	[sof'fitto]
vloer (de)	pavimento (m)	[pavi'mento]
hoek (de)	angolo (m)	['angolo]

88. Appartement. Schoonmaken

schoonmaken (ww)	pulire (vt)	[pu'lire]
opbergen (in de kast, enz.)	mettere via	['mettere 'via]
stof (het)	polvere (f)	['polvere]
stoffig (bn)	impolverato	[impolve'rato]
stoffen (ww)	spolverare (vt)	[spolve'rare]
stofzuiger (de)	aspirapolvere (m)	[aspira·'polvere]
stofzuigen (ww)	passare l'aspirapolvere	[pas'sare laspira·'polvere]
vegen (de vloer ~)	spazzare (vi, vt)	[spat'tsare]
veegsel (het)	spazzatura (f)	[spattsa'tura]
orde (de)	ordine (m)	['ordine]
wanorde (de)	disordine (m)	[di'sordine]
zwabber (de)	frettazzo (m)	[fret'tattso]
poetsdoek (de)	strofinaccio (m)	[strofi'natʃo]
veger (de)	scopa (f)	['skopa]
stofblik (het)	paletta (f)	[pa'letta]

89. Meubels. Interieur

meubels (mv.)	mobili (m pl)	['mobili]
tafel (de)	tavolo (m)	['tavolo]
stoel (de)	sedia (f)	['sedia]
bed (het)	letto (m)	['letto]
bankstel (het)	divano (m)	[di'vano]
fauteuil (de)	poltrona (f)	[pol'trona]
boekenkast (de)	libreria (f)	[libre'ria]
boekenrek (het)	ripiano (m)	[ri'pjano]
kledingkast (de)	armadio (m)	[ar'madio]
kapstok (de)	attaccapanni (m) da parete	[attakka'panni da pa'rete]

staande kapstok (de)	**appendiabiti** (m) **da terra**	[apen'djabiti da terra]
commode (de)	**comò** (m)	[ko'mo]
salontafeltje (het)	**tavolino** (m) **da salotto**	[tavo'lina da sa'lotto]
spiegel (de)	**specchio** (m)	['spekkio]
tapijt (het)	**tappeto** (m)	[tap'peto]
tapijtje (het)	**tappetino** (m)	[tappe'tino]
haard (de)	**camino** (m)	[ka'mino]
kaars (de)	**candela** (f)	[kan'dela]
kandelaar (de)	**candeliere** (m)	[kande'ljere]
gordijnen (mv.)	**tende** (f pl)	['tende]
behang (het)	**carta** (f) **da parati**	['karta da pa'rati]
jaloezie (de)	**tende** (f pl) **alla veneziana**	['tende alla vene'tsjana]
bureaulamp (de)	**lampada** (f) **da tavolo**	['lampada da 'tavolo]
wandlamp (de)	**lampada** (f) **da parete**	['lampada da pa'rete]
staande lamp (de)	**lampada** (f) **a stelo**	['lampada a 'stelo]
luchter (de)	**lampadario** (m)	[lampa'dario]
poot (ov. een tafel, enz.)	**gamba** (f)	['gamba]
armleuning (de)	**bracciolo** (m)	['brat͡ʃolo]
rugleuning (de)	**spalliera** (f)	[spal'ljera]
la (de)	**cassetto** (m)	[kas'setto]

90. Beddengoed

beddengoed (het)	**biancheria** (f) **da letto**	[bjanke'ria da 'letto]
kussen (het)	**cuscino** (m)	[ku'ʃino]
kussenovertrek (de)	**federa** (f)	['federa]
deken (de)	**coperta** (f)	[ko'perta]
laken (het)	**lenzuolo** (m)	[lentsu'olo]
sprei (de)	**copriletto** (m)	[kopri'letto]

91. Keuken

keuken (de)	**cucina** (f)	[ku'tʃina]
gas (het)	**gas** (m)	[gas]
gasfornuis (het)	**fornello** (m) **a gas**	[for'nello a gas]
elektrisch fornuis (het)	**fornello** (m) **elettrico**	[for'nello e'lettriko]
oven (de)	**forno** (m)	['forno]
magnetronoven (de)	**forno** (m) **a microonde**	['forno a mikro'onde]
koelkast (de)	**frigorifero** (m)	[frigo'rifero]
diepvriezer (de)	**congelatore** (m)	[kondʒela'tore]
vaatwasmachine (de)	**lavastoviglie** (f)	[lavasto'viʎʎe]
vleesmolen (de)	**tritacarne** (m)	[trita'karne]
vruchtenpers (de)	**spremifrutta** (m)	[spremi'frutta]
toaster (de)	**tostapane** (m)	[tosta'pane]
mixer (de)	**mixer** (m)	['mikser]

koffiemachine (de)	**macchina** (f) **da caffè**	['makkina da kaf'fe]
koffiepot (de)	**caffettiera** (f)	[kaffet'tjera]
koffiemolen (de)	**macinacaffè** (m)	[matʃinakaf'fe]

fluitketel (de)	**bollitore** (m)	[bolli'tore]
theepot (de)	**teiera** (f)	[te'jera]
deksel (de/het)	**coperchio** (m)	[ko'perkio]
theezeefje (het)	**colino** (m) **da tè**	[ko'lino da te]

lepel (de)	**cucchiaio** (m)	[kuk'kjajo]
theelepeltje (het)	**cucchiaino** (m) **da tè**	[kuk'kjajno da 'te]
eetlepel (de)	**cucchiaio** (m)	[kuk'kjajo]
vork (de)	**forchetta** (f)	[for'ketta]
mes (het)	**coltello** (m)	[kol'tello]

vaatwerk (het)	**stoviglie** (f pl)	[sto'viʎʎe]
bord (het)	**piatto** (m)	['pjatto]
schoteltje (het)	**piattino** (m)	[pjat'tino]

likeurglas (het)	**cicchetto** (m)	[tʃik'ketto]
glas (het)	**bicchiere** (m)	[bik'kjere]
kopje (het)	**tazzina** (f)	[tat'tsina]

suikerpot (de)	**zuccheriera** (f)	[dzukke'rjera]
zoutvat (het)	**saliera** (f)	[sa'ljera]
pepervat (het)	**pepiera** (f)	[pe'pjera]
boterschaaltje (het)	**burriera** (f)	[bur'rjera]

pan (de)	**pentola** (f)	['pentola]
bakpan (de)	**padella** (f)	[pa'della]
pollepel (de)	**mestolo** (m)	['mestolo]
vergiet (de/het)	**colapasta** (m)	[kola'pasta]
dienblad (het)	**vassoio** (m)	[vas'sojo]

fles (de)	**bottiglia** (f)	[bot'tiʎʎa]
glazen pot (de)	**barattolo** (m) **di vetro**	[ba'rattolo di 'vetro]
blik (conserven~)	**latta** (f), **lattina** (f)	['latta], [lat'tina]

flesopener (de)	**apribottiglie** (m)	[apribot'tiʎʎe]
blikopener (de)	**apriscatole** (m)	[apri'skatole]
kurkentrekker (de)	**cavatappi** (m)	[kava'tappi]
filter (de/het)	**filtro** (m)	['filtro]
filteren (ww)	**filtrare** (vt)	[fil'trare]

huisvuil (het)	**spazzatura** (f)	[spattsa'tura]
vuilnisemmer (de)	**pattumiera** (f)	[pattu'mjera]

92. Badkamer

badkamer (de)	**bagno** (m)	['baɲo]
water (het)	**acqua** (f)	['akwa]
kraan (de)	**rubinetto** (m)	[rubi'netto]
warm water (het)	**acqua** (f) **calda**	['akwa 'kalda]
koud water (het)	**acqua** (f) **fredda**	['akwa 'fredda]

tandpasta (de)	**dentifricio** (m)	[denti'fritʃo]
tanden poetsen (ww)	**lavarsi i denti**	[la'varsi i 'denti]
tandenborstel (de)	**spazzolino** (m) **da denti**	[spatso'lino da 'denti]

zich scheren (ww)	**rasarsi** (vr)	[ra'zarsi]
scheercrème (de)	**schiuma** (f) **da barba**	['skjuma da 'barba]
scheermes (het)	**rasoio** (m)	[ra'zojo]

wassen (ww)	**lavare** (vt)	[la'vare]
een bad nemen	**fare un bagno**	['fare un 'baɲo]
douche (de)	**doccia** (f)	['dotʃa]
een douche nemen	**fare una doccia**	['fare 'una 'dotʃa]

bad (het)	**vasca** (f) **da bagno**	['vaska da 'baɲo]
toiletpot (de)	**water** (m)	['vater]
wastafel (de)	**lavandino** (m)	[lavan'dino]

zeep (de)	**sapone** (m)	[sa'pone]
zeepbakje (het)	**porta** (m) **sapone**	['porta sa'pone]

spons (de)	**spugna** (f)	['spuɲa]
shampoo (de)	**shampoo** (m)	['ʃampo]
handdoek (de)	**asciugamano** (m)	[aʃuga'mano]
badjas (de)	**accappatoio** (m)	[akkappa'tojo]

was (bijv. handwas)	**bucato** (m)	[bu'kato]
wasmachine (de)	**lavatrice** (f)	[lava'tritʃe]
de was doen	**fare il bucato**	['fare il bu'kato]
waspoeder (de)	**detersivo** (m) **per il bucato**	[deter'sivo per il bu'kato]

93. Huishoudelijke apparaten

televisie (de)	**televisore** (m)	[televi'zore]
cassettespeler (de)	**registratore** (m) **a nastro**	[redʒistra'tore a 'nastro]
videorecorder (de)	**videoregistratore** (m)	[video·redʒistra'tore]
radio (de)	**radio** (f)	['radio]
speler (de)	**lettore** (m)	[let'tore]

videoprojector (de)	**videoproiettore** (m)	[video·projet'tore]
home theater systeem (het)	**home cinema** (m)	['om 'tʃinema]
DVD-speler (de)	**lettore** (m) **DVD**	[let'tore divu'di]
versterker (de)	**amplificatore** (m)	[amplifika'tore]
spelconsole (de)	**console** (f) **video giochi**	['konsole 'video 'dʒoki]

videocamera (de)	**videocamera** (f)	[video·'kamera]
fotocamera (de)	**macchina** (f) **fotografica**	['makkina foto'grafika]
digitale camera (de)	**fotocamera** (f) **digitale**	[foto'kamera didʒi'tale]

stofzuiger (de)	**aspirapolvere** (m)	[aspira-'polvere]
strijkijzer (het)	**ferro** (m) **da stiro**	['ferro da 'stiro]
strijkplank (de)	**asse** (f) **da stiro**	['asse da 'stiro]

telefoon (de)	**telefono** (m)	[te'lefono]
mobieltje (het)	**telefonino** (m)	[telefo'nino]

schrijfmachine (de)	macchina (f) da scrivere	['makkina da 'skrivere]
naaimachine (de)	macchina (f) da cucire	['makkina da ku'tʃire]
microfoon (de)	microfono (m)	[mi'krofono]
koptelefoon (de)	cuffia (f)	['kuffia]
afstandsbediening (de)	telecomando (m)	[teleko'mando]
CD (de)	CD (m)	[tʃi'di]
cassette (de)	cassetta (f)	[kas'setta]
vinylplaat (de)	disco (m)	['disko]

94. Reparaties. Renovatie

renovatie (de)	lavori (m pl) di restauro	[la'vori di re'stauro]
renoveren (ww)	rinnovare (vt)	[rinno'vare]
repareren (ww)	riparare (vt)	[ripa'rare]
op orde brengen	mettere in ordine	['mettere in 'ordine]
overdoen (ww)	rifare (vt)	[ri'fare]
verf (de)	vernice (f), pittura (f)	[ver'nitʃe], [pit'tura]
verven (muur ~)	pitturare (vt)	[pittu'rare]
schilder (de)	imbianchino (m)	[imbjaŋ'kino]
kwast (de)	pennello (m)	[pen'nello]
kalk (de)	imbiancatura (f)	[imbjanka'tura]
kalken (ww)	imbiancare (vt)	[imbjaŋ'kare]
behang (het)	carta (f) da parati	['karta da pa'rati]
behangen (ww)	tappezzare (vt)	[tappet'tsare]
lak (de/het)	vernice (f)	[ver'nitʃe]
lakken (ww)	verniciare (vt)	[verni'tʃare]

95. Loodgieterswerk

water (het)	acqua (f)	['akwa]
warm water (het)	acqua (f) calda	['akwa 'kalda]
koud water (het)	acqua (f) fredda	['akwa 'fredda]
kraan (de)	rubinetto (m)	[rubi'netto]
druppel (de)	goccia (f)	['gotʃa]
druppelen (ww)	gocciolare (vi)	[gotʃo'lare]
lekken (een lek hebben)	perdere (vi)	['perdere]
lekkage (de)	perdita (f)	['perdita]
plasje (het)	pozza (f)	['pottsa]
buis, leiding (de)	tubo (m)	['tubo]
stopkraan (de)	valvola (f)	['valvola]
verstopt raken (ww)	intasarsi (vr)	[inta'zarsi]
gereedschap (het)	strumenti (m pl)	[stru'menti]
Engelse sleutel (de)	chiave (f) inglese	['kjave in'gleze]
losschroeven (ww)	svitare (vt)	[zvi'tare]

aanschroeven (ww)	avvitare (vt)	[avvi'tare]
ontstoppen (riool, enz.)	stasare (vt)	[sta'zare]
loodgieter (de)	idraulico (m)	[i'drauliko]
kelder (de)	seminterrato (m)	[seminter'rato]
riolering (de)	fognatura (f)	[foɲa'tura]

96. Brand. Vuurzee

brand (de)	fuoco (m)	[fu'oko]
vlam (de)	fiamma (f)	['fjamma]
vonk (de)	scintilla (f)	[ʃin'tilla]
rook (de)	fumo (m)	['fumo]
fakkel (de)	fiaccola (f)	['fjakkola]
kampvuur (het)	falò (m)	[fa'lo]

benzine (de)	benzina (f)	[ben'dzina]
kerosine (de)	cherosene (m)	[kero'zene]
brandbaar (bn)	combustibile	[kombu'stibile]
ontplofbaar (bn)	esplosivo	[esplo'zivo]
VERBODEN TE ROKEN!	VIETATO FUMARE!	[vje'tato fu'mare]

veiligheid (de)	sicurezza (f)	[siku'rettsa]
gevaar (het)	pericolo (m)	[pe'rikolo]
gevaarlijk (bn)	pericoloso	[periko'lozo]

in brand vliegen (ww)	prendere fuoco	['prendere fu'oko]
explosie (de)	esplosione (f)	[esplo'zjone]
in brand steken (ww)	incendiare (vt)	[intʃen'djare]
brandstichter (de)	incendiario (m)	[intʃen'djario]
brandstichting (de)	incendio (m) doloso	[in'tʃendio do'lozo]

vlammen (ww)	divampare (vi)	[divam'pare]
branden (ww)	bruciare (vi)	[bru'tʃare]
afbranden (ww)	bruciarsi (vr)	[bru'tʃarsi]

de brandweer bellen	chiamare i pompieri	[kja'mare i pom'pjeri]
brandweerman (de)	pompiere (m)	[pom'pjere]
brandweerwagen (de)	autopompa (f)	[auto'pompa]
brandweer (de)	corpo (m) dei pompieri	['korpo dei pom'pjeri]
uitschuifbare ladder (de)	autoscala (f) da pompieri	[auto'skala da pom'pjeri]

brandslang (de)	manichetta (f)	[mani'ketta]
brandblusser (de)	estintore (m)	[estin'tore]
helm (de)	casco (m)	['kasko]
sirene (de)	sirena (f)	[si'rena]

roepen (ww)	gridare (vi)	[gri'dare]
hulp roepen	chiamare in aiuto	[kja'mare in a'juto]
redder (de)	soccorritore (m)	[sokkorri'tore]
redden (ww)	salvare (vt)	[sal'vare]

aankomen (per auto, enz.)	arrivare (vi)	[arri'vare]
blussen (ww)	spegnere (vt)	['speɲere]
water (het)	acqua (f)	['akwa]

zand (het)	**sabbia** (f)	['sabbia]
ruïnes (mv.)	**rovine** (f pl)	[ro'vine]
instorten (gebouw, enz.)	**crollare** (vi)	[krol'lare]
ineenstorten (ww)	**cadere** (vi)	[ka'dere]
inzakken (ww)	**collassare** (vi)	[kolla'sare]
brokstuk (het)	**frammento** (m)	[fram'mento]
as (de)	**cenere** (f)	['tʃenere]
verstikken (ww)	**asfissiare** (vi)	[asfis'sjare]
omkomen (ww)	**morire, perire** (vi)	[mo'rire], [pe'rire]

MENSELIJKE ACTIVITEITEN

Baan. Business. Deel 1

97. Bankieren

bank (de)	banca (f)	['banka]
bankfiliaal (het)	filiale (f)	[fi'ljale]
bankbediende (de)	consulente (m)	[konsu'lente]
manager (de)	direttore (m)	[diret'tore]
bankrekening (de)	conto (m) bancario	['konto ban'kario]
rekeningnummer (het)	numero (m) del conto	['numero del 'konto]
lopende rekening (de)	conto (m) corrente	['konto kor'rente]
spaarrekening (de)	conto (m) di risparmio	['konto di ris'parmio]
een rekening openen	aprire un conto	[a'prire un 'konto]
de rekening sluiten	chiudere il conto	['kjudere il 'konto]
op rekening storten	versare sul conto	[ver'sare sul 'konto]
opnemen (ww)	prelevare dal conto	[prele'vare dal 'konto]
storting (de)	deposito (m)	[de'pozito]
een storting maken	depositare (vt)	[depozi'tare]
overschrijving (de)	trasferimento (m) telegrafico	[trasferi'mento tele'grafiko]
een overschrijving maken	rimettere i soldi	[ri'mettere i 'soldi]
som (de)	somma (f)	['somma]
Hoeveel?	Quanto?	['kwanto]
handtekening (de)	firma (f)	['firma]
ondertekenen (ww)	firmare (vt)	[fir'mare]
kredietkaart (de)	carta (f) di credito	['karta di 'kredito]
code (de)	codice (m)	['koditʃe]
kredietkaartnummer (het)	numero (m) della carta di credito	['numero 'della 'karta di 'kredito]
geldautomaat (de)	bancomat (m)	['bankomat]
cheque (de)	assegno (m)	[as'seɲo]
een cheque uitschrijven	emettere un assegno	[e'mettere un as'seɲo]
chequeboekje (het)	libretto (m) di assegni	[li'bretto di as'seɲi]
lening, krediet (de)	prestito (m)	['prestito]
een lening aanvragen	fare domanda per un prestito	['fare do'manda per un 'prestito]
een lening nemen	ottenere un prestito	[otte'nere un 'prestito]
een lening verlenen	concedere un prestito	[kon'tʃedere un 'prestito]
garantie (de)	garanzia (f)	[garan'tsia]

98. Telefoon. Telefoongesprek

telefoon (de)	telefono (m)	[te'lefono]
mobieltje (het)	telefonino (m)	[telefo'nino]
antwoordapparaat (het)	segreteria (f) telefonica	[segrete'ria tele'fonika]
bellen (ww)	telefonare (vi, vt)	[telefo'nare]
belletje (telefoontje)	chiamata (f)	[kja'mata]
een nummer draaien	comporre un numero	[kom'porre un 'numero]
Hallo!	Pronto!	['pronto]
vragen (ww)	chiedere, domandare	['kjedere], [doman'dare]
antwoorden (ww)	rispondere (vi, vt)	[ris'pondere]
horen (ww)	udire, sentire (vt)	[u'dire], [sen'tire]
goed (bw)	bene	['bene]
slecht (bw)	male	['male]
storingen (mv.)	disturbi (m pl)	[di'sturbi]
hoorn (de)	cornetta (f)	[kor'netta]
opnemen (ww)	alzare la cornetta	[al'tsare la kor'netta]
ophangen (ww)	riattaccare la cornetta	[riattak'kare la kor'netta]
bezet (bn)	occupato	[okku'pato]
overgaan (ww)	squillare (vi)	[skwil'lare]
telefoonboek (het)	elenco (m) telefonico	[e'lenko tele'foniko]
lokaal (bn)	locale	[lo'kale]
interlokaal (bn)	interurbano	[interur'bano]
buitenlands (bn)	internazionale	[internatsjo'nale]

99. Mobiele telefoon

mobieltje (het)	telefonino (m)	[telefo'nino]
scherm (het)	schermo (m)	['skermo]
toets, knop (de)	tasto (m)	['tasto]
simkaart (de)	scheda SIM (f)	['skeda 'sim]
batterij (de)	pila (f)	['pila]
leeg zijn (ww)	essere scarico	['essere 'skariko]
acculader (de)	caricabatteria (m)	[karika·batte'ria]
menu (het)	menü (m)	[me'nu]
instellingen (mv.)	impostazioni (f pl)	[imposta'tsjoni]
melodie (beltoon)	melodia (f)	[melo'dia]
selecteren (ww)	scegliere (vt)	['ʃeʎʎere]
rekenmachine (de)	calcolatrice (f)	[kalkola'tritʃe]
voicemail (de)	segreteria (f) telefonica	[segrete'ria tele'fonika]
wekker (de)	sveglia (f)	['zveʎʎa]
contacten (mv.)	contatti (m pl)	[kon'tatti]
SMS-bericht (het)	messaggio (m) SMS	[mes'sadʒo ese'mese]
abonnee (de)	abbonato (m)	[abbo'nato]

100. Schrijfbehoeften

balpen (de)	**penna** (f) **a sfera**	[penna a 'sfera]
vulpen (de)	**penna** (f) **stilografica**	['penna stilo'grafika]
potlood (het)	**matita** (f)	[ma'tita]
marker (de)	**evidenziatore** (m)	[evidentsja'tore]
viltstift (de)	**pennarello** (m)	[penna'rello]
notitieboekje (het)	**taccuino** (m)	[tak'kwino]
agenda (boekje)	**agenda** (f)	[a'dʒenda]
liniaal (de/het)	**righello** (m)	[ri'gello]
rekenmachine (de)	**calcolatrice** (f)	[kalkola'tritʃe]
gom (de)	**gomma** (f) **per cancellare**	['gomma per kantʃel'lare]
punaise (de)	**puntina** (f)	[pun'tina]
paperclip (de)	**graffetta** (f)	[graf'fetta]
lijm (de)	**colla** (f)	['kolla]
nietmachine (de)	**pinzatrice** (f)	[pintsa'tritʃe]
perforator (de)	**perforatrice** (f)	[perfora'tritʃe]
potloodslijper (de)	**temperamatite** (m)	[temperama'tite]

Baan. Business. Deel 2

101. Massamedia

krant (de)	giornale (m)	[dʒor'nale]
tijdschrift (het)	rivista (f)	[ri'vista]
pers (gedrukte media)	stampa (f)	['stampa]
radio (de)	radio (f)	['radio]
radiostation (het)	stazione (f) radio	[sta'tsjone 'radio]
televisie (de)	televisione (f)	[televi'zjone]
presentator (de)	presentatore (m)	[prezenta'tore]
nieuwslezer (de)	annunciatore (m)	[annuntʃa'tore]
commentator (de)	commentatore (m)	[kommenta'tore]
journalist (de)	giornalista (m)	[dʒorna'lista]
correspondent (de)	corrispondente (m)	[korrispon'dente]
fotocorrespondent (de)	fotocronista (m)	[fotokro'nista]
reporter (de)	cronista (m)	[kro'nista]
redacteur (de)	redattore (m)	[redat'tore]
chef-redacteur (de)	redattore capo (m)	[redat'tore 'kapo]
zich abonneren op	abbonarsi a ...	[abbo'narsi]
abonnement (het)	abbonamento (m)	[abbona'mento]
abonnee (de)	abbonato (m)	[abbo'nato]
lezen (ww)	leggere (vi, vt)	['ledʒere]
lezer (de)	lettore (m)	[let'tore]
oplage (de)	tiratura (f)	[tira'tura]
maand-, maandelijks (bn)	mensile	[men'sile]
wekelijks (bn)	settimanale	[settima'nale]
nummer (het)	numero (m)	['numero]
vers (~ van de pers)	fresco (m)	['fresko]
kop (de)	testata (f)	[te'stata]
korte artikel (het)	trafiletto (m)	[trafi'letto]
rubriek (de)	rubrica (f)	[ru'brika]
artikel (het)	articolo (m)	[ar'tikolo]
pagina (de)	pagina (f)	['padʒina]
reportage (de)	servizio (m)	[ser'vitsio]
gebeurtenis (de)	evento (m)	[e'vento]
sensatie (de)	sensazione (f)	[sensa'tsjone]
schandaal (het)	scandalo (m)	['skandalo]
schandalig (bn)	scandaloso	[skanda'lozo]
groot (~ schandaal, enz.)	enorme, grande	[e'norme], ['grande]
programma (het)	trasmissione (f)	[trazmis'sjone]
interview (het)	intervista (f)	[inter'vista]

live uitzending (de)	**trasmissione** (f) **in diretta**	[trazmis'sjone in di'retta]
kanaal (het)	**canale** (m)	[ka'nale]

102. Landbouw

landbouw (de)	**agricoltura** (f)	[agrikol'tura]
boer (de)	**contadino** (m)	[konta'dino]
boerin (de)	**contadina** (f)	[konta'dina]
landbouwer (de)	**fattore** (m)	[fat'tore]
tractor (de)	**trattore** (m)	[trat'tore]
maaidorser (de)	**mietitrebbia** (f)	[mjeti'trebbia]
ploeg (de)	**aratro** (m)	[a'ratro]
ploegen (ww)	**arare** (vt)	[a'rare]
akkerland (het)	**terreno** (m) **coltivato**	[ter'reno kolti'vato]
voor (de)	**solco** (m)	['solko]
zaaien (ww)	**seminare** (vt)	[semi'nare]
zaaimachine (de)	**seminatrice** (f)	[semina'tritʃe]
zaaien (het)	**semina** (f)	['semina]
zeis (de)	**falce** (f)	['faltʃe]
maaien (ww)	**falciare** (vt)	[fal'tʃare]
schop (de)	**pala** (f)	['pala]
spitten (ww)	**scavare** (vt)	[ska'vare]
schoffel (de)	**zappa** (f)	['tsappa]
wieden (ww)	**zappare** (vt)	[tsap'pare]
onkruid (het)	**erbaccia** (f)	[er'batʃa]
gieter (de)	**innaffiatoio** (m)	[innaffja'tojo]
begieten (water geven)	**innaffiare** (vt)	[innaf'fjare]
bewatering (de)	**innaffiamento** (m)	[innaffja'mento]
riek, hooivork (de)	**forca** (f)	['forka]
hark (de)	**rastrello** (m)	[ra'strello]
kunstmest (de)	**concime** (m)	[kon'tʃime]
bemesten (ww)	**concimare** (vt)	[kontʃi'mare]
mest (de)	**letame** (m)	[le'tame]
veld (het)	**campo** (m)	['kampo]
wei (de)	**prato** (m)	['prato]
moestuin (de)	**orto** (m)	['orto]
boomgaard (de)	**frutteto** (m)	[frut'teto]
weiden (ww)	**pascolare** (vt)	[pasko'lare]
herder (de)	**pastore** (m)	[pa'store]
weiland (de)	**pascolo** (m)	['paskolo]
veehouderij (de)	**allevamento** (m) **di bestiame**	[alleva'mento di bes'tjame]
schapenteelt (de)	**allevamento** (m) **di pecore**	[alleva'mento di 'pekore]

plantage (de)	piantagione (f)	[pjanta'dʒone]
rijtje (het)	filare (m)	[fi'lare]
broeikas (de)	serra (f) da orto	['serra da 'orto]

droogte (de)	siccità (f)	[sitʃi'ta]
droog (bn)	secco, arido	['sekko], ['arido]

graangewassen (mv.)	cereali (m pl)	[tʃere'ali]
oogsten (ww)	raccogliere (vt)	[rak'koʎʎere]

molenaar (de)	mugnaio (m)	[mu'ɲajo]
molen (de)	mulino (m)	[mu'lino]
malen (graan ~)	macinare (vt)	[matʃi'nare]
bloem (bijv. tarwebloem)	farina (f)	[fa'rina]
stro (het)	paglia (f)	['paʎʎa]

103. Gebouw. Bouwproces

bouwplaats (de)	cantiere (m) edile	[kan'tjere 'edile]
bouwen (ww)	costruire (vt)	[kostru'ire]
bouwvakker (de)	operaio (m) edile	[ope'rajo e'dile]

project (het)	progetto (m)	[pro'dʒetto]
architect (de)	architetto (m)	[arki'tetto]
arbeider (de)	operaio (m)	[ope'rajo]

fundering (de)	fondamenta (f pl)	[fonda'menta]
dak (het)	tetto (m)	['tetto]
heipaal (de)	palo (m) di fondazione	['palo di fonda'tsjone]
muur (de)	muro (m)	['muro]

betonstaal (het)	barre (f pl) di rinforzo	['barre di rin'fortso]
steigers (mv.)	impalcatura (f)	[impalka'tura]

beton (het)	beton (m)	[be'ton]
graniet (het)	granito (m)	[gra'nito]
steen (de)	pietra (f)	['pjetra]
baksteen (de)	mattone (m)	[mat'tone]

zand (het)	sabbia (f)	['sabbia]
cement (de/het)	cemento (m)	[tʃe'mento]
pleister (het)	intonaco (m)	[in'tonako]
pleisteren (ww)	intonacare (vt)	[intona'kare]

verf (de)	pittura (f)	[pit'tura]
verven (muur ~)	pitturare (vt)	[pittu'rare]
ton (de)	botte (f)	['botte]

kraan (de)	gru (f)	[gru]
heffen, hijsen (ww)	sollevare (vt)	[solle'vare]
neerlaten (ww)	abbassare (vt)	[abbas'sare]

bulldozer (de)	bulldozer (m)	[bulldo'dzer]
graafmachine (de)	scavatrice (f)	[skava'tritʃe]

graafbak (de)	cucchiaia (f)	[kuk'kjaja]
graven (tunnel, enz.)	scavare (vt)	[ska'vare]
helm (de)	casco (m)	['kasko]

Beroepen en ambachten

104. Zoeken naar werk. Ontslag

baan (de)	lavoro (m)	[la'voro]
personeel (het)	organico (m)	[or'ganiko]
carrière (de)	carriera (f)	[kar'rjera]
vooruitzichten (mv.)	prospettiva (f)	[prospet'tiva]
meesterschap (het)	abilità (f pl)	[abili'ta]
keuze (de)	selezione (f)	[sele'tsjone]
uitzendbureau (het)	agenzia (f) di collocamento	[adʒen'tsia di kolloka'mento]
CV, curriculum vitae (het)	curriculum vitae (f)	[kur'rikulum 'vite]
sollicitatiegesprek (het)	colloquio (m)	[kol'lokwio]
vacature (de)	posto (m) vacante	['posto va'kante]
salaris (het)	salario (m)	[sa'lario]
vaste salaris (het)	stipendio (m) fisso	[sti'pendio 'fisso]
loon (het)	compenso (m)	[kom'penso]
betrekking (de)	carica (f)	['karika]
taak, plicht (de)	mansione (f)	[man'sjone]
takenpakket (het)	mansioni (f pl) di lavoro	[man'sjoni di la'voro]
bezig (~ zijn)	occupato	[okku'pato]
ontslagen (ww)	licenziare (vt)	[litʃen'tsjare]
ontslag (het)	licenziamento (m)	[litʃentsja'mento]
werkloosheid (de)	disoccupazione (f)	[disokkupa'tsjone]
werkloze (de)	disoccupato (m)	[disokku'pato]
pensioen (het)	pensionamento (m)	[pensjona'mento]
met pensioen gaan	andare in pensione	[an'dare in pen'sjone]

105. Zakenmensen

directeur (de)	direttore (m)	[diret'tore]
beheerder (de)	dirigente (m)	[diri'dʒente]
hoofd (het)	capo (m)	['kapo]
baas (de)	capo (m), superiore (m)	['kapo], [supe'rjore]
superieuren (mv.)	capi (m pl)	['kapi]
president (de)	presidente (m)	[prezi'dente]
voorzitter (de)	presidente (m)	[prezi'dente]
adjunct (de)	vice (m)	['vitʃe]
assistent (de)	assistente (m)	[assi'stente]
secretaris (de)	segretario (m)	[segre'tario]

persoonlijke assistent (de)	**assistente** (m) **personale**	[assi'stente perso'nale]
zakenman (de)	**uomo** (m) **d'affari**	[u'omo daffari]
ondernemer (de)	**imprenditore** (m)	[imprendi'tore]
oprichter (de)	**fondatore** (m)	[fonda'tore]
oprichten	**fondare** (vt)	[fon'dare]
(een nieuw bedrijf ~)		

stichter (de)	**socio** (m)	['sotʃo]
partner (de)	**partner** (m)	['partner]
aandeelhouder (de)	**azionista** (m)	[atsio'nista]

miljonair (de)	**milionario** (m)	[miljo'nario]
miljardair (de)	**miliardario** (m)	[miljar'dario]
eigenaar (de)	**proprietario** (m)	[proprie'tario]
landeigenaar (de)	**latifondista** (m)	[latifon'dista]

klant (de)	**cliente** (m)	[kli'ente]
vaste klant (de)	**cliente** (m) **abituale**	[kli'ente abitu'ale]
koper (de)	**compratore** (m)	[kompra'tore]
bezoeker (de)	**visitatore** (m)	[vizita'tore]

professioneel (de)	**professionista** (m)	[professjo'nista]
expert (de)	**esperto** (m)	[e'sperto]
specialist (de)	**specialista** (m)	[spetʃa'lista]

bankier (de)	**banchiere** (m)	[baŋ'kjere]
makelaar (de)	**broker** (m)	['broker]

kassier (de)	**cassiere** (m)	[kas'sjere]
boekhouder (de)	**contabile** (m)	[kon'tabile]
bewaker (de)	**guardia** (f) **giurata**	['gwardia dʒu'rata]

investeerder (de)	**investitore** (m)	[investi'tore]
schuldenaar (de)	**debitore** (m)	[debi'tore]
crediteur (de)	**creditore** (m)	[kredi'tore]
lener (de)	**mutuatario** (m)	[mutua'tario]

importeur (de)	**importatore** (m)	[importa'tore]
exporteur (de)	**esportatore** (m)	[esporta'tore]

producent (de)	**produttore** (m)	[produt'tore]
distributeur (de)	**distributore** (m)	[distribu'tore]
bemiddelaar (de)	**intermediario** (m)	[interme'djario]

adviseur, consulent (de)	**consulente** (m)	[konsu'lente]
vertegenwoordiger (de)	**rappresentante** (m)	[rapprezen'tante]
agent (de)	**agente** (m)	[a'dʒente]
verzekeringsagent (de)	**assicuratore** (m)	[assikura'tore]

106. Dienstverlenende beroepen

kok (de)	**cuoco** (m)	[ku'oko]
chef-kok (de)	**capocuoco** (m)	[kapo·ku'oko]
bakker (de)	**fornaio** (m)	[for'najo]

barman (de)	barista (m)	[ba'rista]
kelner, ober (de)	cameriere (m)	[kame'rjere]
serveerster (de)	cameriera (f)	[kame'rjera]

advocaat (de)	avvocato (m)	[avvo'kato]
jurist (de)	esperto (m) legale	[e'sperto le'gale]
notaris (de)	notaio (m)	[no'tajo]

elektricien (de)	elettricista (m)	[elettri'tʃista]
loodgieter (de)	idraulico (m)	[i'drauliko]
timmerman (de)	falegname (m)	[fale'ɲame]

masseur (de)	massaggiatore (m)	[massadʒa'tore]
masseuse (de)	massaggiatrice (f)	[massadʒa'tritʃe]
dokter, arts (de)	medico (m)	['mediko]

taxichauffeur (de)	taxista (m)	[ta'ksista]
chauffeur (de)	autista (m)	[au'tista]
koerier (de)	fattorino (m)	[fatto'rino]

kamermeisje (het)	cameriera (f)	[kame'rjera]
bewaker (de)	guardia (f) giurata	['gwardia dʒu'rata]
stewardess (de)	hostess (f)	['ostess]

meester (de)	insegnante (m, f)	[inse'ɲante]
bibliothecaris (de)	bibliotecario (m)	[bibliote'kario]
vertaler (de)	traduttore (m)	[tradut'tore]
tolk (de)	interprete (m)	[in'terprete]
gids (de)	guida (f)	['gwida]

kapper (de)	parrucchiere (m)	[parruk'kjere]
postbode (de)	postino (m)	[po'stino]
verkoper (de)	commesso (m)	[kom'messo]

tuinman (de)	giardiniere (m)	[dʒardi'njere]
huisbediende (de)	domestico (m)	[do'mestiko]
dienstmeisje (het)	domestica (f)	[do'mestika]
schoonmaakster (de)	donna (f) delle pulizie	['donna 'delle puli'tsie]

107. Militaire beroepen en rangen

soldaat (rang)	soldato (m) semplice	[sol'dato 'semplitʃe]
sergeant (de)	sergente (m)	[ser'dʒente]
luitenant (de)	tenente (m)	[te'nente]
kapitein (de)	capitano (m)	[kapi'tano]

majoor (de)	maggiore (m)	[ma'dʒore]
kolonel (de)	colonnello (m)	[kolon'nello]
generaal (de)	generale (m)	[dʒene'rale]
maarschalk (de)	maresciallo (m)	[mare'ʃallo]
admiraal (de)	ammiraglio (m)	[ammi'raʎʎo]

militair (de)	militare (m)	[mili'tare]
soldaat (de)	soldato (m)	[sol'dato]

| officier (de) | ufficiale (m) | [uffi'tʃale] |
| commandant (de) | comandante (m) | [koman'dante] |

grenswachter (de)	guardia (f) di frontiera	['gwardia di fron'tjera]
marconist (de)	marconista (m)	[marko'nista]
verkenner (de)	esploratore (m)	[esplora'tore]
sappeur (de)	geniere (m)	[dʒe'njere]
schutter (de)	tiratore (m)	[tira'tore]
stuurman (de)	navigatore (m)	[naviga'tore]

108. Ambtenaren. Priesters

| koning (de) | re (m) | [re] |
| koningin (de) | regina (f) | [re'dʒina] |

| prins (de) | principe (m) | ['printʃipe] |
| prinses (de) | principessa (f) | [printʃi'pessa] |

| tsaar (de) | zar (m) | [tsar] |
| tsarina (de) | zarina (f) | [tsa'rina] |

president (de)	presidente (m)	[prezi'dente]
minister (de)	ministro (m)	[mi'nistro]
eerste minister (de)	primo ministro (m)	['primo mi'nistro]
senator (de)	senatore (m)	[sena'tore]

diplomaat (de)	diplomatico (m)	[diplo'matiko]
consul (de)	console (m)	['konsole]
ambassadeur (de)	ambasciatore (m)	[ambaʃa'tore]
adviseur (de)	consigliere (m)	[konsiʎ'ʎere]

ambtenaar (de)	funzionario (m)	[funtsio'nario]
prefect (de)	prefetto (m)	[pre'fetto]
burgemeester (de)	sindaco (m)	['sindako]

| rechter (de) | giudice (m) | ['dʒuditʃe] |
| aanklager (de) | procuratore (m) | [prokura'tore] |

missionaris (de)	missionario (m)	[missio'nario]
monnik (de)	monaco (m)	['monako]
abt (de)	abate (m)	[a'bate]
rabbi, rabbijn (de)	rabbino (m)	[rab'bino]

vizier (de)	visir (m)	[vi'zir]
sjah (de)	scià (m)	['ʃa]
sjeik (de)	sceicco (m)	[ʃe'ikko]

109. Agrarische beroepen

imker (de)	apicoltore (m)	[apikol'tore]
herder (de)	pastore (m)	[pa'store]
landbouwkundige (de)	agronomo (m)	[a'gronomo]

veehouder (de)	allevatore (m) di bestiame	[alleva'tore di bes'tjame]
dierenarts (de)	veterinario (m)	[veteri'nario]
landbouwer (de)	fattore (m)	[fat'tore]
wijnmaker (de)	vinificatore (m)	[vinifika'tore]
zoöloog (de)	zoologo (m)	[dzo'ologo]
cowboy (de)	cowboy (m)	[kaw'boj]

110. Kunst beroepen

acteur (de)	attore (m)	[at'tore]
actrice (de)	attrice (f)	[at'tritʃe]
zanger (de)	cantante (m)	[kan'tante]
zangeres (de)	cantante (f)	[kan'tante]
danser (de)	danzatore (m)	[dantsa'tore]
danseres (de)	ballerina (f)	[balle'rina]
artiest (mann.)	artista (m)	[ar'tista]
artiest (vrouw.)	artista (f)	[ar'tista]
muzikant (de)	musicista (m)	[muzi'tʃista]
pianist (de)	pianista (m)	[pia'nista]
gitarist (de)	chitarrista (m)	[kitar'rista]
orkestdirigent (de)	direttore (m) d'orchestra	[diret'tore dor'kestra]
componist (de)	compositore (m)	[kompozi'tore]
impresario (de)	impresario (m)	[impre'zario]
filmregisseur (de)	regista (m)	[re'dʒista]
filmproducent (de)	produttore (m)	[produt'tore]
scenarioschrijver (de)	sceneggiatore (m)	[ʃenedʒa'tore]
criticus (de)	critico (m)	['kritiko]
schrijver (de)	scrittore (m)	[skrit'tore]
dichter (de)	poeta (m)	[po'eta]
beeldhouwer (de)	scultore (m)	[skul'tore]
kunstenaar (de)	pittore (m)	[pit'tore]
jongleur (de)	giocoliere (m)	[dʒoko'ljere]
clown (de)	pagliaccio (m)	[paʎ'ʎatʃo]
acrobaat (de)	acrobata (m)	[a'krobata]
goochelaar (de)	prestigiatore (m)	[prestidʒa'tore]

111. Verschillende beroepen

dokter, arts (de)	medico (m)	['mediko]
ziekenzuster (de)	infermiera (f)	[infer'mjera]
psychiater (de)	psichiatra (m)	[psiki'atra]
tandarts (de)	dentista (m)	[den'tista]
chirurg (de)	chirurgo (m)	[ki'rurgo]

astronaut (de)	**astronauta** (m)	[astro'nauta]
astronoom (de)	**astronomo** (m)	[a'stronomo]
chauffeur (de)	**autista** (m)	[au'tista]
machinist (de)	**macchinista** (m)	[makki'nista]
mecanicien (de)	**meccanico** (m)	[mek'kaniko]
mijnwerker (de)	**minatore** (m)	[mina'tore]
arbeider (de)	**operaio** (m)	[ope'rajo]
bankwerker (de)	**operaio** (m) **metallurgico**	[ope'rajo metal'lurdʒiko]
houtbewerker (de)	**falegname** (m)	[fale'ɲame]
draaier (de)	**tornitore** (m)	[torni'tore]
bouwvakker (de)	**operaio** (m) **edile**	[ope'rajo e'dile]
lasser (de)	**saldatore** (m)	[salda'tore]
professor (de)	**professore** (m)	[profes'sore]
architect (de)	**architetto** (m)	[arki'tetto]
historicus (de)	**storico** (m)	['storiko]
wetenschapper (de)	**scienziato** (m)	[ʃien'tsjato]
fysicus (de)	**fisico** (m)	['fiziko]
scheikundige (de)	**chimico** (m)	['kimiko]
archeoloog (de)	**archeologo** (m)	[arke'ologo]
geoloog (de)	**geologo** (m)	[dʒe'ologo]
onderzoeker (de)	**ricercatore** (m)	[ritʃerka'tore]
babysitter (de)	**baby-sitter** (f)	[bebi'siter]
leraar, pedagoog (de)	**insegnante** (m, f)	[inse'ɲante]
redacteur (de)	**redattore** (m)	[redat'tore]
chef-redacteur (de)	**redattore capo** (m)	[redat'tore 'kapo]
correspondent (de)	**corrispondente** (m)	[korrispon'dente]
typiste (de)	**dattilografa** (f)	[datti'lografa]
designer (de)	**designer** (m)	[di'zajner]
computerexpert (de)	**esperto** (m) **informatico**	[e'sperto infor'matiko]
programmeur (de)	**programmatore** (m)	[programma'tore]
ingenieur (de)	**ingegnere** (m)	[indʒe'ɲere]
matroos (de)	**marittimo** (m)	[ma'rittimo]
zeeman (de)	**marinaio** (m)	[mari'najo]
redder (de)	**soccorritore** (m)	[sokkorri'tore]
brandweerman (de)	**pompiere** (m)	[pom'pjere]
politieagent (de)	**poliziotto** (m)	[poli'tsjotto]
nachtwaker (de)	**guardiano** (m)	[gwar'djano]
detective (de)	**detective** (m)	[de'tektiv]
douanier (de)	**doganiere** (m)	[doga'njere]
lijfwacht (de)	**guardia** (f) **del corpo**	['gwardia del 'korpo]
gevangenisbewaker (de)	**guardia** (f) **carceraria**	['gwardia kartʃe'raria]
inspecteur (de)	**ispettore** (m)	[ispet'tore]
sportman (de)	**sportivo** (m)	[spor'tivo]
trainer (de)	**allenatore** (m)	[allena'tore]
slager, beenhouwer (de)	**macellaio** (m)	[matʃel'lajo]

schoenlapper (de)	calzolaio (m)	[kaltso'lajo]
handelaar (de)	uomo (m) d'affari	[u'omo daf'fari]
lader (de)	caricatore (m)	[karika'tore]

| kledingstilist (de) | stilista (m) | [sti'lista] |
| model (het) | modella (f) | [mo'della] |

112. Beroepen. Sociale status

| scholier (de) | scolaro (m) | [sko'laro] |
| student (de) | studente (m) | [stu'dente] |

filosoof (de)	filosofo (m)	[fi'lozofo]
econoom (de)	economista (m)	[ekono'mista]
uitvinder (de)	inventore (m)	[inven'tore]

werkloze (de)	disoccupato (m)	[disokku'pato]
gepensioneerde (de)	pensionato (m)	[pensjo'nato]
spion (de)	spia (f)	['spia]

gedetineerde (de)	detenuto (m)	[dete'nuto]
staker (de)	scioperante (m)	[ʃope'rante]
bureaucraat (de)	burocrate (m)	[bu'rokrate]
reiziger (de)	viaggiatore (m)	[vjadʒa'tore]

homoseksueel (de)	omosessuale (m)	[omosessu'ale]
hacker (computerkraker)	hacker (m)	['aker]
hippie (de)	hippy	['ippi]

bandiet (de)	bandito (m)	[ban'dito]
huurmoordenaar (de)	sicario (m)	[si'kario]
drugsverslaafde (de)	drogato (m)	[dro'gato]
drugshandelaar (de)	trafficante (m) di droga	[traffi'kante di 'droga]
prostituee (de)	prostituta (f)	[prosti'tuta]
pooier (de)	magnaccia (m)	[ma'ɲatʃa]

tovenaar (de)	stregone (m)	[stre'gone]
tovenares (de)	strega (f)	['strega]
piraat (de)	pirata (m)	[pi'rata]
slaaf (de)	schiavo (m)	['skjavo]
samoerai (de)	samurai (m)	[samu'raj]
wilde (de)	selvaggio (m)	[sel'vadʒo]

Sport

113. Soorten sporten. Sporters

sportman (de)	**sportivo** (m)	[spor'tivo]
soort sport (de/het)	**sport** (m)	[sport]
basketbal (het)	**pallacanestro** (m)	[pallaka'nestro]
basketbalspeler (de)	**cestista** (m)	[tʃes'tista]
baseball (het)	**baseball** (m)	['bejzbol]
baseballspeler (de)	**giocatore** (m) **di baseball**	[dʒoka'tore di 'bejzbol]
voetbal (het)	**calcio** (m)	['kaltʃo]
voetballer (de)	**calciatore** (m)	[kaltʃa'tore]
doelman (de)	**portiere** (m)	[por'tjere]
hockey (het)	**hockey** (m)	['okkej]
hockeyspeler (de)	**hockeista** (m)	[okke'ista]
volleybal (het)	**pallavolo** (m)	[palla'volo]
volleybalspeler (de)	**pallavolista** (m)	[pallavo'lista]
boksen (het)	**pugilato** (m)	[pudʒi'lato]
bokser (de)	**pugile** (m)	['pudʒile]
worstelen (het)	**lotta** (f)	['lotta]
worstelaar (de)	**lottatore** (m)	[lotta'tore]
karate (de)	**karate** (m)	[ka'rate]
karateka (de)	**karateka** (m)	[kara'teka]
judo (de)	**judo** (m)	['dʒudo]
judoka (de)	**judoista** (m)	[dʒudo'ista]
tennis (het)	**tennis** (m)	['tennis]
tennisspeler (de)	**tennista** (m)	[ten'nista]
zwemmen (het)	**nuoto** (m)	[nu'oto]
zwemmer (de)	**nuotatore** (m)	[nuota'tore]
schermen (het)	**scherma** (f)	['skerma]
schermer (de)	**schermitore** (m)	[skermi'tore]
schaak (het)	**scacchi** (m pl)	['skakki]
schaker (de)	**scacchista** (m)	[skak'kista]
alpinisme (het)	**alpinismo** (m)	[alpi'nizmo]
alpinist (de)	**alpinista** (m)	[alpi'nista]
hardlopen (het)	**corsa** (f)	['korsa]

renner (de)	**corridore** (m)	[korri'dore]
atletiek (de)	**atletica** (f) **leggera**	[a'tletika le'dʒera]
atleet (de)	**atleta** (m)	[a'tleta]

paardensport (de)	**ippica** (f)	['ippika]
ruiter (de)	**fantino** (m)	[fan'tino]

kunstschaatsen (het)	**pattinaggio** (m) **artistico**	[patti'nadʒo ar'tistiko]
kunstschaatser (de)	**pattinatore** (m)	[pattina'tore]
kunstschaatsster (de)	**pattinatrice** (f)	[pattina'tritʃe]

gewichtheffen (het)	**pesistica** (f)	[pe'zistika]
gewichtheffer (de)	**pesista** (m)	[pe'zista]
autoraces (mv.)	**automobilismo** (m)	[automobi'lizmo]
coureur (de)	**pilota** (m)	[pi'lota]

wielersport (de)	**ciclismo** (m)	[tʃik'lizmo]
wielrenner (de)	**ciclista** (m)	[tʃik'lista]

verspringen (het)	**salto** (m) **in lungo**	['salto in 'lungo]
polsstokspringen (het)	**salto** (m) **con l'asta**	['salto kon 'lasta]
verspringer (de)	**saltatore** (m)	[salta'tore]

114. Soorten sporten. Diversen

Amerikaans voetbal (het)	**football** (m) **americano**	['futboll ameri'kano]
badminton (het)	**badminton** (m)	['badminton]
biatlon (de)	**biathlon** (m)	['biatlon]
biljart (het)	**biliardo** (m)	[bi'ljardo]

bobsleeën (het)	**bob** (m)	[bob]
bodybuilding (de)	**culturismo** (m)	[kultu'rizmo]
waterpolo (het)	**pallanuoto** (m)	[pallanu'oto]
handbal (de)	**pallamano** (m)	[palla'mano]
golf (het)	**golf** (m)	[golf]

roeisport (de)	**canottaggio** (m)	[kanot'tadʒo]
duiken (het)	**immersione** (f) **subacquea**	[immer'sjone su'bakvea]
langlaufen (het)	**sci** (m) **di fondo**	[ʃi di 'fondo]
tafeltennis (het)	**tennis** (m) **da tavolo**	['tennis da 'tavolo]

zeilen (het)	**vela** (f)	['vela]
rally (de)	**rally** (m)	['relli]
rugby (het)	**rugby** (m)	['ragbi]
snowboarden (het)	**snowboard** (m)	['znobord]
boogschieten (het)	**tiro** (m) **con l'arco**	['tiro kon 'larko]

115. Fitnessruimte

lange halter (de)	**bilanciere** (m)	[bilan'tʃere]
halters (mv.)	**manubri** (m pl)	[ma'nubri]
training machine (de)	**attrezzo** (m) **sportivo**	[at'trettso spor'tivo]

hometrainer (de)	**cyclette** (f)	[si'klett]
loopband (de)	**tapis roulant** (m)	[ta'pi ru'lan]
rekstok (de)	**sbarra** (f)	['zbarra]
brug (de) gelijke leggers	**parallele** (f pl)	[paral'lele]
paardsprong (de)	**cavallo** (m)	[ka'vallo]
mat (de)	**materassino** (m)	[materas'sino]
springtouw (het)	**corda** (f) **per saltare**	['korda per sal'tare]
aerobics (de)	**aerobica** (f)	[ae'robika]
yoga (de)	**yoga** (m)	['joga]

116. Sporten. Diversen

Olympische Spelen (mv.)	**Giochi** (m pl) **Olimpici**	['dʒoki o'limpitʃi]
winnaar (de)	**vincitore** (m)	[vintʃi'tore]
overwinnen (ww)	**ottenere la vittoria**	[otte'nere la vit'toria]
winnen (ww)	**vincere** (vi)	['vintʃere]
leider (de)	**leader** (m), **capo** (m)	['lider], ['kapo]
leiden (ww)	**essere alla guida**	['essere 'alla 'gwida]
eerste plaats (de)	**primo posto** (m)	['primo 'posto]
tweede plaats (de)	**secondo posto** (m)	[se'kondo 'posto]
derde plaats (de)	**terzo posto** (m)	['tertso 'posto]
medaille (de)	**medaglia** (f)	[me'daʎʎa]
trofee (de)	**trofeo** (m)	[tro'feo]
beker (de)	**coppa** (f)	['koppa]
prijs (de)	**premio** (m)	['premio]
hoofdprijs (de)	**primo premio** (m)	['primo 'premio]
record (het)	**record** (m)	['rekord]
een record breken	**stabilire un record**	[stabi'lire un 'rekord]
finale (de)	**finale** (m)	[fi'nale]
finale (bn)	**finale**	[fi'nale]
kampioen (de)	**campione** (m)	[kam'pjone]
kampioenschap (het)	**campionato** (m)	[kampjo'nato]
stadion (het)	**stadio** (m)	['stadio]
tribune (de)	**tribuna** (f)	[tri'buna]
fan, supporter (de)	**tifoso, fan** (m)	[ti'fozo], [fan]
tegenstander (de)	**avversario** (m)	[avver'sario]
start (de)	**partenza** (f)	[par'tentsa]
finish (de)	**traguardo** (m)	[tra'gwardo]
nederlaag (de)	**sconfitta** (f)	[skon'fitta]
verliezen (ww)	**perdere** (vt)	['perdere]
rechter (de)	**arbitro** (m)	['arbitro]
jury (de)	**giuria** (f)	[dʒu'ria]

stand (~ is 3-1)	**punteggio** (m)	[pun'tedʒo]
gelijkspel (het)	**pareggio** (m)	[pa'redʒo]
in gelijk spel eindigen	**pareggiare** (vi)	[pare'dʒare]
punt (het)	**punto** (m)	['punto]
uitslag (de)	**risultato** (m)	[rizul'tato]

periode (de)	**tempo** (m)	['tempo]
pauze (de)	**intervallo** (m)	[inter'vallo]
doping (de)	**doping** (m)	['doping]
straffen (ww)	**penalizzare** (vt)	[penalid'dzare]
diskwalificeren (ww)	**squalificare** (vt)	[skwalifi'kare]

toestel (het)	**attrezzatura** (f)	[attrettsa'tura]
speer (de)	**giavellotto** (m)	[dʒavel'lotto]
kogel (de)	**peso** (m)	['pezo]
bal (de)	**biglia** (f)	['biʎʎa]

doel (het)	**obiettivo** (m)	[objet'tivo]
schietkaart (de)	**bersaglio** (m)	[ber'saʎʎo]
schieten (ww)	**sparare** (vi)	[spa'rare]
precies (bijv. precieze schot)	**preciso**	[pre'tʃizo]

trainer, coach (de)	**allenatore** (m)	[allena'tore]
trainen (ww)	**allenare** (vt)	[alle'nare]
zich trainen (ww)	**allenarsi** (vr)	[alle'narsi]
training (de)	**allenamento** (m)	[allena'mento]

gymnastiekzaal (de)	**palestra** (f)	[pa'lestra]
oefening (de)	**esercizio** (m)	[ezer'tʃitsio]
opwarming (de)	**riscaldamento** (m)	[riskalda'mento]

Onderwijs

117. School

school (de)	**scuola** (f)	['skwola]
schooldirecteur (de)	**direttore** (m) **di scuola**	[diret'tore di 'skwola]
leerling (de)	**allievo** (m)	[al'ljevo]
leerlinge (de)	**allieva** (f)	[al'ljeva]
scholier (de)	**scolaro** (m)	[sko'laro]
scholiere (de)	**scolara** (f)	[sko'lara]
leren (lesgeven)	**insegnare**	[inse'ɲare]
studeren (bijv. een taal ~)	**imparare** (vt)	[impa'rare]
van buiten leren	**imparare a memoria**	[impa'rare a me'moria]
leren (bijv. ~ tellen)	**studiare** (vi)	[stu'djare]
in school zijn	**frequentare la scuola**	[frekwen'tare la 'skwola]
(schooljongen zijn)		
naar school gaan	**andare a scuola**	[an'dare a 'skwola]
alfabet (het)	**alfabeto** (m)	[alfa'beto]
vak (schoolvak)	**materia** (f)	[ma'teria]
klaslokaal (het)	**classe** (f)	['klasse]
les (de)	**lezione** (f)	[le'tsjone]
pauze (de)	**ricreazione** (f)	[rikrea'tsjone]
bel (de)	**campanella** (f)	[kampa'nella]
schooltafel (de)	**banco** (m)	['banko]
schoolbord (het)	**lavagna** (f)	[la'vaɲa]
cijfer (het)	**voto** (m)	['voto]
goed cijfer (het)	**voto** (m) **alto**	['voto 'alto]
slecht cijfer (het)	**voto** (m) **basso**	['voto 'basso]
een cijfer geven	**dare un voto**	['dare un 'voto]
fout (de)	**errore** (m)	[er'rore]
fouten maken	**fare errori**	['fare er'rori]
corrigeren (fouten ~)	**correggere** (vt)	[kor'redʒere]
spiekbriefje (het)	**bigliettino** (m)	[biʎʎet'tino]
huiswerk (het)	**compiti** (m pl)	['kompiti]
oefening (de)	**esercizio** (m)	[ezer'tʃitsio]
aanwezig zijn (ww)	**essere presente**	['essere pre'zente]
absent zijn (ww)	**essere assente**	['essere as'sente]
school verzuimen	**mancare le lezioni**	[man'kare le le'tsjoni]
bestraffen (een stout kind ~)	**punire** (vt)	[pu'nire]
bestraffing (de)	**punizione** (f)	[puni'tsjone]

gedrag (het)	comportamento (m)	[komporta'mento]
cijferlijst (de)	pagella (f)	[pa'dʒella]
potlood (het)	matita (f)	[ma'tita]
gom (de)	gomma (f) per cancellare	['gomma per kantʃel'lare]
krijt (het)	gesso (m)	['dʒesso]
pennendoos (de)	astuccio (m) portamatite	[as'tutʃo portama'tite]

boekentas (de)	cartella (f)	[kar'tella]
pen (de)	penna (f)	['penna]
schrift (de)	quaderno (m)	[kwa'derno]
leerboek (het)	manuale (m)	[manu'ale]
passer (de)	compasso (m)	[kom'passo]

| technisch tekenen (ww) | disegnare (vt) | [dize'ɲare] |
| technische tekening (de) | disegno (m) tecnico | [di'zeɲo 'tekniko] |

gedicht (het)	poesia (f)	[poe'zia]
van buiten (bw)	a memoria	[a me'moria]
van buiten leren	imparare a memoria	[impa'rare a me'moria]

vakantie (de)	vacanze (f pl) scolastiche	[va'kantse sko'lastike]
met vakantie zijn	essere in vacanza	['essere in va'kantsa]
vakantie doorbrengen	passare le vacanze	[pas'sare le va'kantse]

toets (schriftelijke ~)	prova (f) scritta	['prova 'skritta]
opstel (het)	composizione (f)	[kompozi'tsjone]
dictee (het)	dettato (m)	[det'tato]
examen (het)	esame (m)	[e'zame]
examen afleggen	sostenere un esame	[soste'neme un e'zame]
experiment (het)	esperimento (m)	[esperi'mento]

118. Hogeschool. Universiteit

academie (de)	accademia (f)	[akka'demia]
universiteit (de)	università (f)	[universi'ta]
faculteit (de)	facoltà (f)	[fakol'ta]

student (de)	studente (m)	[stu'dente]
studente (de)	studentessa (f)	[studen'tessa]
leraar (de)	docente (m, f)	[do'tʃente]

| collegezaal (de) | aula (f) | ['aula] |
| afgestudeerde (de) | diplomato (m) | [diplo'mato] |

| diploma (het) | diploma (m) | [di'ploma] |
| dissertatie (de) | tesi (f) | ['tezi] |

| onderzoek (het) | ricerca (f) | [ri'tʃerka] |
| laboratorium (het) | laboratorio (m) | [labora'torio] |

college (het)	lezione (f)	[le'tsjone]
medestudent (de)	compagno (m) di corso	[kom'paɲo di 'korso]
studiebeurs (de)	borsa (f) di studio	['borsa di 'studio]
academische graad (de)	titolo (m) accademico	['titolo akka'demiko]

119. Wetenschappen. Disciplines

wiskunde (de)	**matematica** (f)	[mate'matika]
algebra (de)	**algebra** (f)	['aldʒebra]
meetkunde (de)	**geometria** (f)	[dʒeome'tria]
astronomie (de)	**astronomia** (f)	[astrono'mia]
biologie (de)	**biologia** (f)	[biolo'dʒia]
geografie (de)	**geografia** (f)	[dʒeogra'fia]
geologie (de)	**geologia** (f)	[dʒeolo'dʒia]
geschiedenis (de)	**storia** (f)	['storia]
geneeskunde (de)	**medicina** (f)	[medi'tʃina]
pedagogiek (de)	**pedagogia** (f)	[pedago'dʒia]
rechten (mv.)	**diritto** (m)	[di'ritto]
fysica, natuurkunde (de)	**fisica** (f)	['fizika]
scheikunde (de)	**chimica** (f)	['kimika]
filosofie (de)	**filosofia** (f)	[filozo'fia]
psychologie (de)	**psicologia** (f)	[psikolo'dʒia]

120. Schrift. Spelling

grammatica (de)	**grammatica** (f)	[gram'matika]
vocabulaire (het)	**lessico** (m)	['lessiko]
fonetiek (de)	**fonetica** (f)	[fo'netika]
zelfstandig naamwoord (het)	**sostantivo** (m)	[sostan'tivo]
bijvoeglijk naamwoord (het)	**aggettivo** (m)	[adʒet'tivo]
werkwoord (het)	**verbo** (m)	['verbo]
bijwoord (het)	**avverbio** (m)	[av'verbio]
voornaamwoord (het)	**pronome** (m)	[pro'nome]
tussenwerpsel (het)	**interiezione** (f)	[interje'tsjone]
voorzetsel (het)	**preposizione** (f)	[prepozi'tsjone]
stam (de)	**radice** (f)	[ra'ditʃe]
achtervoegsel (het)	**desinenza** (f)	[dezi'nentsa]
voorvoegsel (het)	**prefisso** (m)	[pre'fisso]
lettergreep (de)	**sillaba** (f)	['sillaba]
achtervoegsel (het)	**suffisso** (m)	[suf'fisso]
nadruk (de)	**accento** (m)	[a'tʃento]
afkappingsteken (het)	**apostrofo** (m)	[a'postrofo]
punt (de)	**punto** (m)	['punto]
komma (de/het)	**virgola** (f)	['virgola]
puntkomma (de)	**punto** (m) **e virgola**	['punto e 'virgola]
dubbelpunt (de)	**due punti**	['due 'punti]
beletselteken (het)	**puntini** (m pl) **di sospensione**	[pun'tini di sospen'sjone]
vraagteken (het)	**punto** (m) **interrogativo**	['punto interroga'tivo]
uitroepteken (het)	**punto** (m) **esclamativo**	['punto esklama'tivo]

aanhalingstekens (mv.)	virgolette (f pl)	[virgo'lette]
tussen aanhalingstekens (bw)	tra virgolette	[tra virgo'lette]
haakjes (mv.)	parentesi (f pl)	[pa'rentezi]
tussen haakjes (bw)	tra parentesi	[tra pa'rentezi]
streepje (het)	trattino (m)	[trat'tino]
gedachtestreepje (het)	lineetta (f)	[line'etta]
spatie	spazio (m)	['spatsio]
(~ tussen twee woorden)		
letter (de)	lettera (f)	['lettera]
hoofdletter (de)	lettera (f) maiuscola	['lettera ma'juskola]
klinker (de)	vocale (f)	[vo'kale]
medeklinker (de)	consonante (f)	[konso'nante]
zin (de)	proposizione (f)	[propozi'tsjone]
onderwerp (het)	soggetto (m)	[so'dʒetto]
gezegde (het)	predicato (m)	[predi'kato]
regel (in een tekst)	riga (f)	['riga]
op een nieuwe regel (bw)	a capo	[a 'kapo]
alinea (de)	capoverso (m)	[kapo'verso]
woord (het)	parola (f)	[pa'rola]
woordgroep (de)	gruppo (m) di parole	['gruppo di pa'role]
uitdrukking (de)	espressione (f)	[espres'sjone]
synoniem (het)	sinonimo (m)	[si'nonimo]
antoniem (het)	antonimo (m)	[an'tonimo]
regel (de)	regola (f)	['regola]
uitzondering (de)	eccezione (f)	[etʃe'tsjone]
correct (bijv. ~e spelling)	corretto	[kor'retto]
vervoeging, conjugatie (de)	coniugazione (f)	[konjuga'tsjone]
verbuiging, declinatie (de)	declinazione (f)	[deklina'tsjone]
naamval (de)	caso (m) nominativo	['kazo nomina'tivo]
vraag (de)	domanda (f)	[do'manda]
onderstrepen (ww)	sottolineare (vt)	[sottoline'are]
stippellijn (de)	linea (f) tratteggiata	['linea tratte'dʒata]

121. Vreemde talen

taal (de)	lingua (f)	['lingua]
vreemd (bn)	straniero	[stra'njero]
vreemde taal (de)	lingua (f) straniera	['lingua stra'njera]
leren (bijv. van buiten ~)	studiare (vt)	[stu'djare]
studeren (Nederlands ~)	imparare (vt)	[impa'rare]
lezen (ww)	leggere (vi, vt)	['ledʒere]
spreken (ww)	parlare (vi, vt)	[par'lare]
begrijpen (ww)	capire (vt)	[ka'pire]
schrijven (ww)	scrivere (vi, vt)	['skrivere]
snel (bw)	rapidamente	[rapida'mente]

langzaam (bw)	**lentamente**	[lenta'mente]
vloeiend (bw)	**correntemente**	[korrente'mente]

regels (mv.)	**regole** (f pl)	['regole]
grammatica (de)	**grammatica** (f)	[gram'matika]
vocabulaire (het)	**lessico** (m)	['lessiko]
fonetiek (de)	**fonetica** (f)	[fo'netika]

leerboek (het)	**manuale** (m)	[manu'ale]
woordenboek (het)	**dizionario** (m)	[ditsjo'nario]
leerboek (het) voor zelfstudie	**manuale** (m) **autodidattico**	[manu'ale autodi'dattiko]
taalgids (de)	**frasario** (m)	[fra'zario]

cassette (de)	**cassetta** (f)	[kas'setta]
videocassette (de)	**videocassetta** (f)	[video·kas'setta]
CD (de)	**CD** (m)	[tʃi'di]
DVD (de)	**DVD** (m)	[divu'di]

alfabet (het)	**alfabeto** (m)	[alfa'beto]
spellen (ww)	**compitare** (vt)	[kompi'tare]
uitspraak (de)	**pronuncia** (f)	[pro'nuntʃa]

accent (het)	**accento** (m)	[a'tʃento]
met een accent (bw)	**con un accento**	[kon un a'tʃento]
zonder accent (bw)	**senza accento**	['sentsa a'tʃento]

woord (het)	**vocabolo** (m)	[vo'kabolo]
betekenis (de)	**significato** (m)	[siɲifi'kato]

cursus (de)	**corso** (m)	['korso]
zich inschrijven (ww)	**iscriversi** (vr)	[is'kriversi]
leraar (de)	**insegnante** (m, f)	[inse'ɲante]

vertaling (een ~ maken)	**traduzione** (f)	[tradu'tsjone]
vertaling (tekst)	**traduzione** (f)	[tradu'tsjone]
vertaler (de)	**traduttore** (m)	[tradut'tore]
tolk (de)	**interprete** (m)	[in'terprete]

polyglot (de)	**poliglotta** (m)	[poli'glotta]
geheugen (het)	**memoria** (f)	[me'moria]

122. Sprookjesfiguren

Sinterklaas (de)	**Babbo Natale** (m)	['babbo na'tale]
Assepoester (de)	**Cenerentola** (f)	[tʃene'rentola]
zeemeermin (de)	**sirena** (f)	[si'rena]
Neptunus (de)	**Nettuno** (m)	[net'tuno]

magiër, tovenaar (de)	**mago** (m)	['mago]
goede heks (de)	**fata** (f)	['fata]
magisch (bn)	**magico**	['madʒiko]
toverstokje (het)	**bacchetta** (f) **magica**	[bak'ketta 'madʒika]
sprookje (het)	**fiaba** (f), **favola** (f)	['fjaba], ['favola]
wonder (het)	**miracolo** (m)	[mi'rakolo]

dwerg (de)	nano (m)	['nano]
veranderen in ...	trasformarsi in ...	[trasfor'marsi in]
(anders worden)		

geest (de)	fantasma (m)	[fan'tazma]
spook (het)	spettro (m)	['spettro]
monster (het)	mostro (m)	['mostro]
draak (de)	drago (m)	['drago]
reus (de)	gigante (m)	[ʤi'gante]

123. Dierenriem

Ram (de)	Ariete (m)	[a'rjete]
Stier (de)	Toro (m)	['toro]
Tweelingen (mv.)	Gemelli (m pl)	[ʤe'melli]
Kreeft (de)	Cancro (m)	['kankro]
Leeuw (de)	Leone (m)	[le'one]
Maagd (de)	Vergine (f)	['verʤine]

Weegschaal (de)	Bilancia (f)	[bi'lanʧa]
Schorpioen (de)	Scorpione (m)	[skor'pjone]
Boogschutter (de)	Sagittario (m)	[saʤit'tario]
Steenbok (de)	Capricorno (m)	[kapri'korno]
Waterman (de)	Acquario (m)	[a'kwario]
Vissen (mv.)	Pesci (m pl)	['peʃi]

karakter (het)	carattere (m)	[ka'rattere]
karaktertrekken (mv.)	tratti (m pl) del carattere	['tratti del ka'rattere]
gedrag (het)	comportamento (m)	[komporta'mento]
waarzeggen (ww)	predire il futuro	[pre'dire il fu'turo]
waarzegster (de)	cartomante (f)	[karto'mante]
horoscoop (de)	oroscopo (m)	[o'roskopo]

Kunst

124. Theater

theater (het)	**teatro** (m)	[te'atro]
opera (de)	**opera** (f)	['opera]
operette (de)	**operetta** (f)	[ope'retta]
ballet (het)	**balletto** (m)	[bal'letto]

affiche (de/het)	**cartellone** (m)	[kartel'lone]
theatergezelschap (het)	**compagnia** (f) **teatrale**	[kompa'ɲia tea'trale]
tournee (de)	**tournée** (f)	[tur'ne]
op tournee zijn	**andare in tournée**	[an'dare in tur'ne]
repeteren (ww)	**fare le prove**	['fare le 'prove]
repetitie (de)	**prova** (f)	['prova]
repertoire (het)	**repertorio** (m)	[reper'torio]

voorstelling (de)	**rappresentazione** (f)	[rapprezenta'tsjone]
spektakel (het)	**spettacolo** (m)	[spet'takolo]
toneelstuk (het)	**opera** (f) **teatrale**	['opera tea'trale]
biljet (het)	**biglietto** (m)	[biʎ'ʎetto]
kassa (de)	**botteghino** (m)	[botte'gino]
foyer (de)	**hall** (f)	[oll]
garderobe (de)	**guardaroba** (f)	[gwarda'roba]
garderobe nummer (het)	**cartellino** (m) **del guardaroba**	[kartel'lino del gwarda'roba]
verrekijker (de)	**binocolo** (m)	[bi'nokolo]
plaatsaanwijzer (de)	**maschera** (f)	['maskera]

parterre (de)	**platea** (f)	['platea]
balkon (het)	**balconata** (f)	[balko'nata]
gouden rang (de)	**prima galleria** (f)	['prima galle'ria]
loge (de)	**palco** (m)	['palko]
rij (de)	**fila** (f)	['fila]
plaats (de)	**posto** (m)	['posto]

publiek (het)	**pubblico** (m)	['pubbliko]
kijker (de)	**spettatore** (m)	[spetta'tore]
klappen (ww)	**battere le mani**	['battere le 'mani]
applaus (het)	**applauso** (m)	[app'lauzo]
ovatie (de)	**ovazione** (f)	[ova'tsjone]

toneel (op het ~ staan)	**palcoscenico** (m)	[palko'ʃeniko]
gordijn, doek (het)	**sipario** (m)	[si'pario]
toneeldecor (het)	**scenografia** (f)	[ʃenogra'fia]
backstage (de)	**quinte** (f pl)	['kwinte]

scène (de)	**scena** (f)	['ʃena]
bedrijf (het)	**atto** (m)	['atto]
pauze (de)	**intervallo** (m)	[inter'vallo]

125. Bioscoop

acteur (de)	attore (m)	[at'tore]
actrice (de)	attrice (f)	[at'tritʃe]
bioscoop (de)	cinema (m)	['tʃinema]
speelfilm (de)	film (m)	[film]
aflevering (de)	puntata (f)	[pun'tata]
detectivefilm (de)	film (m) giallo	[film 'dʒallo]
actiefilm (de)	film (m) d'azione	[film da'tsjone]
avonturenfilm (de)	film (m) d'avventure	[film davven'ture]
sciencefictionfilm (de)	film (m) di fantascienza	['film de fanta'ʃentsa]
griezelfilm (de)	film (m) d'orrore	[film dor'rore]
komedie (de)	film (m) comico	[film 'komiko]
melodrama (het)	melodramma (m)	[melo'dramma]
drama (het)	dramma (m)	['dramma]
speelfilm (de)	film (m) a soggetto	[film a so'dʒetto]
documentaire (de)	documentario (m)	[dokumen'tario]
tekenfilm (de)	cartoni (m pl) animati	[kar'toni ani'mati]
stomme film (de)	cinema (m) muto	['tʃinema 'muto]
rol (de)	parte (f)	['parte]
hoofdrol (de)	parte (f) principale	['parte printʃi'pale]
spelen (ww)	recitare (vi, vt)	[retʃi'tare]
filmster (de)	star (f), stella (f)	[star], ['stella]
bekend (bn)	noto	['noto]
beroemd (bn)	famoso	[fa'mozo]
populair (bn)	popolare	[popo'lare]
scenario (het)	sceneggiatura (m)	[ʃenedʒa'tura]
scenarioschrijver (de)	sceneggiatore (m)	[ʃenedʒa'tore]
regisseur (de)	regista (m)	[re'dʒista]
filmproducent (de)	produttore (m)	[produt'tore]
assistent (de)	assistente (m)	[assi'stente]
cameraman (de)	cameraman (m)	[kamera'men]
stuntman (de)	cascatore (m)	[kaska'tore]
stuntdubbel (de)	controfigura (f)	[kontrofi'gura]
een film maken	girare un film	[dʒi'rare un film]
auditie (de)	provino (m)	[pro'vino]
opnamen (mv.)	ripresa (f)	[ri'preza]
filmploeg (de)	troupe (f) cinematografica	[trup tʃinemato'grafika]
filmset (de)	set (m)	[set]
filmcamera (de)	cinepresa (f)	[tʃine'preza]
bioscoop (de)	cinema (m)	['tʃinema]
scherm (het)	schermo (m)	['skermo]
een film vertonen	proiettare un film	[projet'tare un film]
geluidsspoor (de)	colonna (f) sonora	[ko'lonna so'nora]
speciale effecten (mv.)	effetti (m pl) speciali	[ef'fetti spe'tʃali]

ondertiteling (de)	**sottotitoli** (m pl)	[sotto'titoli]
voortiteling, aftiteling (de)	**titoli** (m pl) **di coda**	['titoli di 'koda]
vertaling (de)	**traduzione** (f)	[tradu'tsjone]

126. Schilderij

kunst (de)	**arte** (f)	['arte]
schone kunsten (mv.)	**belle arti** (f pl)	['belle 'arti]
kunstgalerie (de)	**galleria** (f) **d'arte**	[galle'ria 'darte]
kunsttentoonstelling (de)	**mostra** (f)	['mostra]
schilderkunst (de)	**pittura** (f)	[pit'tura]
grafiek (de)	**grafica** (f)	['grafika]
abstracte kunst (de)	**astrattismo** (m)	[astrat'tizmo]
impressionisme (het)	**impressionismo** (m)	[impressio'nizmo]
schilderij (het)	**quadro** (m)	['kwadro]
tekening (de)	**disegno** (m)	[di'zeɲo]
poster (de)	**cartellone** (m)	[kartel'lone]
illustratie (de)	**illustrazione** (f)	[illustra'tsjone]
miniatuur (de)	**miniatura** (f)	[minia'tura]
kopie (de)	**copia** (f)	['kopia]
reproductie (de)	**riproduzione** (f)	[riprodu'tsjone]
mozaïek (het)	**mosaico** (m)	[mo'zaiko]
gebrandschilderd glas (het)	**vetrata** (f)	[ve'trata]
fresco (het)	**affresco** (m)	[af'fresko]
gravure (de)	**incisione** (f)	[intʃi'zjone]
buste (de)	**busto** (m)	['busto]
beeldhouwwerk (het)	**scultura** (f)	[skul'tura]
beeld (bronzen ~)	**statua** (f)	['statua]
gips (het)	**gesso** (m)	['dʒesso]
gipsen (bn)	**in gesso**	[in 'dʒesso]
portret (het)	**ritratto** (m)	[ri'tratto]
zelfportret (het)	**autoritratto** (m)	[autori'tratto]
landschap (het)	**paesaggio** (m)	[pae'zadʒo]
stilleven (het)	**natura** (f) **morta**	[na'tura 'morta]
karikatuur (de)	**caricatura** (f)	[karika'tura]
schets (de)	**abbozzo** (m)	[ab'bottso]
verf (de)	**colore** (m)	[ko'lore]
aquarel (de)	**acquerello** (m)	[akwe'rello]
olieverf (de)	**olio** (m)	['oljo]
potlood (het)	**matita** (f)	[ma'tita]
Oost-Indische inkt (de)	**inchiostro** (m) **di china**	[in'kjostro di 'kina]
houtskool (de)	**carbone** (m)	[kar'bone]
tekenen (met krijt)	**disegnare** (vt)	[dize'ɲare]
schilderen (ww)	**dipingere** (vt)	[di'pindʒere]
poseren (ww)	**posare** (vi)	[po'zare]
naaktmodel (man)	**modello** (m)	[mo'dello]

naaktmodel (vrouw)	modella (f)	[mo'della]
kunstenaar (de)	pittore (m)	[pit'tore]
kunstwerk (het)	opera (f) d'arte	['opera 'darte]
meesterwerk (het)	capolavoro (m)	[kapo·la'voro]
studio, werkruimte (de)	laboratorio (m)	[labora'torio]
schildersdoek (het)	tela (f)	['tela]
schildersezel (de)	cavalletto (m)	[kaval'letto]
palet (het)	tavolozza (f)	[tavo'lottsa]
lijst (een vergulde ~)	cornice (f)	[kor'nitʃe]
restauratie (de)	restauro (m)	[re'stauro]
restaureren (ww)	restaurare (vt)	[restau'rare]

127. Literatuur & Poëzie

literatuur (de)	letteratura (f)	[lettera'tura]
auteur (de)	autore (m)	[au'tore]
pseudoniem (het)	pseudonimo (m)	[pseu'donimo]
boek (het)	libro (m)	['libro]
boekdeel (het)	volume (m)	[vo'lume]
inhoudsopgave (de)	sommario (m), indice (m)	[som'mario], ['inditʃe]
pagina (de)	pagina (f)	['padʒina]
hoofdpersoon (de)	protagonista (m)	[protago'nista]
handtekening (de)	autografo (m)	[au'tografo]
verhaal (het)	racconto (m)	[rak'konto]
novelle (de)	romanzo (m) breve	[ro'mandzo 'breve]
roman (de)	romanzo (m)	[ro'mandzo]
werk (literatuur)	opera (f)	['opera]
fabel (de)	favola (f)	['favola]
detectiveroman (de)	giallo (m)	['dʒallo]
gedicht (het)	verso (m)	['verso]
poëzie (de)	poesia (f)	[poe'zia]
epos (het)	poema (m)	[po'ema]
dichter (de)	poeta (m)	[po'eta]
fictie (de)	narrativa (f)	[narra'tiva]
sciencefiction (de)	fantascienza (f)	[fanta'ʃentsa]
avonturenroman (de)	avventure (f pl)	[avven'ture]
opvoedkundige literatuur (de)	letteratura (f) formativa	[lettera'tura forma'tiva]
kinderliteratuur (de)	libri (m pl) per l'infanzia	['libri per lin'fansia]

128. Circus

circus (de/het)	circo (m)	['tʃirko]
chapiteau circus (de/het)	tendone (m) del circo	[ten'done del 'tʃirko]
programma (het)	programma (m)	[pro'gramma]
voorstelling (de)	spettacolo (m)	[spet'takolo]
nummer (circus ~)	numero (m)	['numero]

arena (de)	**arena** (f)	[a'rena]
pantomime (de)	**pantomima** (m)	[panto'mima]
clown (de)	**pagliaccio** (m)	[paʎ'ʎatʃo]
acrobaat (de)	**acrobata** (m)	[a'krobata]
acrobatiek (de)	**acrobatica** (f)	[akro'batika]
gymnast (de)	**ginnasta** (m)	[dʒin'nasta]
gymnastiek (de)	**ginnastica** (m)	[dʒin'nastika]
salto (de)	**salto** (m) **mortale**	['salto mor'tale]
sterke man (de)	**forzuto** (m)	[for'tsuto]
temmer (de)	**domatore** (m)	[doma'tore]
ruiter (de)	**cavallerizzo** (m)	[kavalle'riddzo]
assistent (de)	**assistente** (m)	[assi'stente]
stunt (de)	**acrobazia** (f)	[akroba'tsia]
goocheltruc (de)	**gioco** (m) **di prestigio**	['dʒoko di pre'stidʒo]
goochelaar (de)	**prestigiatore** (m)	[prestidʒa'tore]
jongleur (de)	**giocoliere** (m)	[dʒoko'ljere]
jongleren (ww)	**giocolare** (vi)	[dʒoko'lare]
dierentrainer (de)	**ammaestratore** (m)	[ammaestra'tore]
dressuur (de)	**ammaestramento** (m)	[ammaestra'mento]
dresseren (ww)	**ammaestrare** (vt)	[ammae'strare]

129. Muziek. Popmuziek

muziek (de)	**musica** (f)	['muzika]
muzikant (de)	**musicista** (m)	[muzi'tʃista]
muziekinstrument (het)	**strumento** (m) **musicale**	[stru'mento muzi'kale]
spelen (bijv. gitaar ~)	**suonare** ...	[suo'nare]
gitaar (de)	**chitarra** (f)	[ki'tarra]
viool (de)	**violino** (m)	[vio'lino]
cello (de)	**violoncello** (m)	[violon'tʃello]
contrabas (de)	**contrabbasso** (m)	[kontrab'basso]
harp (de)	**arpa** (f)	['arpa]
piano (de)	**pianoforte** (m)	[pjano'forte]
vleugel (de)	**pianoforte** (m) **a coda**	[pjano'forte a 'koda]
orgel (het)	**organo** (m)	['organo]
blaasinstrumenten (mv.)	**strumenti** (m pl) **a fiato**	[stru'menti a 'fjato]
hobo (de)	**oboe** (m)	['oboe]
saxofoon (de)	**sassofono** (m)	[sas'sofono]
klarinet (de)	**clarinetto** (m)	[klari'netto]
fluit (de)	**flauto** (m)	['flauto]
trompet (de)	**tromba** (f)	['tromba]
accordeon (de/het)	**fisarmonica** (f)	[fizar'monika]
trommel (de)	**tamburo** (m)	[tam'buro]
duet (het)	**duetto** (m)	[du'etto]
trio (het)	**trio** (m)	['trio]

kwartet (het)	quartetto (m)	[kwar'tetto]
koor (het)	coro (m)	['koro]
orkest (het)	orchestra (f)	[or'kestra]

popmuziek (de)	musica (f) pop	['muzika pop]
rockmuziek (de)	musica (f) rock	['muzika rok]
rockgroep (de)	gruppo (m) rock	['gruppo rok]
jazz (de)	jazz (m)	[dʒaz]

| idool (het) | idolo (m) | ['idolo] |
| bewonderaar (de) | ammiratore (m) | [ammira'tore] |

concert (het)	concerto (m)	[kon'tʃerto]
symfonie (de)	sinfonia (f)	[sinfo'nia]
compositie (de)	composizione (f)	[kompozi'tsjone]
componeren (muziek ~)	comporre (vt)	[kom'porre]

zang (de)	canto (m)	['kanto]
lied (het)	canzone (f)	[kan'tsone]
melodie (de)	melodia (f)	[melo'dia]
ritme (het)	ritmo (m)	['ritmo]
blues (de)	blues (m)	[bluz]

bladmuziek (de)	note (f pl)	['note]
dirigeerstok (baton)	bacchetta (f)	[bak'ketta]
strijkstok (de)	arco (m)	['arko]
snaar (de)	corda (f)	['korda]
koffer (de)	custodia (f)	[ku'stodia]

Rusten. Entertainment. Reizen

130. Trip. Reizen

toerisme (het)	turismo (m)	[tu'rizmo]
toerist (de)	turista (m)	[tu'rista]
reis (de)	viaggio (m)	['vjadʒo]
avontuur (het)	avventura (f)	[avven'tura]
tocht (de)	viaggio (m)	['vjadʒo]
vakantie (de)	vacanza (f)	[va'kantsa]
met vakantie zijn	essere in vacanza	['essere in va'kantsa]
rust (de)	riposo (m)	[ri'pozo]
trein (de)	treno (m)	['treno]
met de trein	in treno	[in 'treno]
vliegtuig (het)	aereo (m)	[a'ereo]
met het vliegtuig	in aereo	[in a'ereo]
met de auto	in macchina	[in 'makkina]
per schip (bw)	in nave	[in 'nave]
bagage (de)	bagaglio (m)	[ba'gaʎʎo]
valies (de)	valigia (f)	[va'lidʒa]
bagagekarretje (het)	carrello (m)	[kar'rello]
paspoort (het)	passaporto (m)	[passa'porto]
visum (het)	visto (m)	['visto]
kaartje (het)	biglietto (m)	[biʎ'ʎetto]
vliegticket (het)	biglietto (m) aereo	[biʎ'ʎetto a'ereo]
reisgids (de)	guida (f)	['gwida]
kaart (de)	carta (f) geografica	['karta dʒeo'grafika]
gebied (landelijk ~)	località (f)	[lokali'ta]
plaats (de)	luogo (m)	[lu'ogo]
exotische bestemming (de)	ogetti (m pl) esotici	[o'dʒetti e'zotitʃi]
exotisch (bn)	esotico	[e'zotiko]
verwonderlijk (bn)	sorprendente	[sorpren'dente]
groep (de)	gruppo (m)	['gruppo]
rondleiding (de)	escursione (f)	[eskur'sjone]
gids (de)	guida (f)	['gwida]

131. Hotel

hotel (het)	albergo, hotel (m)	[al'bergo], [o'tel]
motel (het)	motel (m)	[mo'tel]
3-sterren	tre stelle	[tre 'stelle]

5-sterren	cinque stelle	['tʃinkwe 'stelle]
overnachten (ww)	alloggiare (vi)	[allo'dʒare]
kamer (de)	camera (f)	['kamera]
eenpersoonskamer (de)	camera (f) singola	['kamera 'singola]
tweepersoonskamer (de)	camera (f) doppia	['kamera 'doppia]
een kamer reserveren	prenotare una camera	[preno'tare 'una 'kamera]
halfpension (het)	mezza pensione (f)	['meddza pen'sjone]
volpension (het)	pensione (f) completa	[pen'sjone kom'pleta]
met badkamer	con bagno	[kon 'baɲo]
met douche	con doccia	[kon 'dotʃa]
satelliet-tv (de)	televisione (f) satellitare	[televi'zjone satelli'tare]
airconditioner (de)	condizionatore (m)	[konditsiona'tore]
handdoek (de)	asciugamano (m)	[aʃuga'mano]
sleutel (de)	chiave (f)	['kjave]
administrateur (de)	amministratore (m)	[amministra'tore]
kamermeisje (het)	cameriera (f)	[kame'rjera]
piccolo (de)	portabagagli (m)	[porta·ba'gaʎʎi]
portier (de)	portiere (m)	[por'tjere]
restaurant (het)	ristorante (m)	[risto'rante]
bar (de)	bar (m)	[bar]
ontbijt (het)	colazione (f)	[kola'tsjone]
avondeten (het)	cena (f)	['tʃena]
buffet (het)	buffet (m)	[buf'fe]
hal (de)	hall (f)	[oll]
lift (de)	ascensore (m)	[aʃen'sore]
NIET STOREN	NON DISTURBARE	[non distur'bare]
VERBODEN TE ROKEN!	VIETATO FUMARE!	[vje'tato fu'mare]

132. Boeken. Lezen

boek (het)	libro (m)	['libro]
auteur (de)	autore (m)	[au'tore]
schrijver (de)	scrittore (m)	[skrit'tore]
schrijven (een boek)	scrivere (vi, vt)	['skrivere]
lezer (de)	lettore (m)	[let'tore]
lezen (ww)	leggere (vi, vt)	['ledʒere]
lezen (het)	lettura (f)	[let'tura]
stil (~ lezen)	in silenzio	[in si'lentsio]
hardop (~ lezen)	ad alta voce	[ad 'alta 'votʃe]
uitgeven (boek ~)	pubblicare (vt)	[pubbli'kare]
uitgeven (het)	pubblicazione (f)	[publika'tsjone]
uitgever (de)	editore (m)	[edi'tore]
uitgeverij (de)	casa (f) editrice	['kaza edi'tritʃe]
verschijnen (bijv. boek)	uscire (vi)	[u'ʃire]

verschijnen (het)	uscita (f)	[u'ʃita]
oplage (de)	tiratura (f)	[tira'tura]
boekhandel (de)	libreria (f)	[libre'ria]
bibliotheek (de)	biblioteca (f)	[biblio'teka]
novelle (de)	romanzo (m) breve	[ro'mandzo 'breve]
verhaal (het)	racconto (m)	[rak'konto]
roman (de)	romanzo (m)	[ro'mandzo]
detectiveroman (de)	giallo (m)	['dʒallo]
memoires (mv.)	memorie (f pl)	[me'morie]
legende (de)	leggenda (f)	[le'dʒenda]
mythe (de)	mito (m)	['mito]
gedichten (mv.)	poesia (f), versi (m pl)	[poe'zia], ['versi]
autobiografie (de)	autobiografia (f)	[auto·biogra'fia]
bloemlezing (de)	opere (f pl) scelte	['opere 'ʃelte]
sciencefiction (de)	fantascienza (f)	[fanta'ʃentsa]
naam (de)	titolo (m)	['titolo]
inleiding (de)	introduzione (f)	[introdu'tsjone]
voorblad (het)	frontespizio (m)	[fronte'spitsio]
hoofdstuk (het)	capitolo (m)	[ka'pitolo]
fragment (het)	frammento (m)	[fram'mento]
episode (de)	episodio (m)	[epi'zodio]
intrige (de)	soggetto (m)	[so'dʒetto]
inhoud (de)	contenuto (m)	[konte'nuto]
inhoudsopgave (de)	sommario (m)	[som'mario]
hoofdpersonage (het)	protagonista (m)	[protago'nista]
boekdeel (het)	volume (m)	[vo'lume]
omslag (de/het)	copertina (f)	[koper'tina]
boekband (de)	rilegatura (f)	[rilega'tura]
bladwijzer (de)	segnalibro (m)	[seɲa'libro]
pagina (de)	pagina (f)	['padʒina]
bladeren (ww)	sfogliare (vt)	[sfoʎ'ʎare]
marges (mv.)	margini (m pl)	['mardʒini]
annotatie (de)	annotazione (f)	[annota'tsjone]
opmerking (de)	nota (f)	['nota]
tekst (de)	testo (m)	['testo]
lettertype (het)	carattere (m)	[ka'rattere]
drukfout (de)	refuso (m)	[re'fuzo]
vertaling (de)	traduzione (f)	[tradu'tsjone]
vertalen (ww)	tradurre (vt)	[tra'durre]
origineel (het)	originale (m)	[oridʒi'nale]
beroemd (bn)	famoso	[fa'mozo]
onbekend (bn)	sconosciuto	[skono'ʃuto]
interessant (bn)	interessante	[interes'sante]
bestseller (de)	best seller (m)	[best 'seller]

woordenboek (het)	dizionario (m)	[ditsjo'nario]
leerboek (het)	manuale (m)	[manu'ale]
encyclopedie (de)	enciclopedia (f)	[entʃiklope'dia]

133. Jacht. Vissen

jacht (de)	caccia (f)	['katʃa]
jagen (ww)	cacciare (vt)	[ka'tʃare]
jager (de)	cacciatore (m)	[katʃa'tore]

schieten (ww)	sparare (vi)	[spa'rare]
geweer (het)	fucile (m)	[fu'tʃile]
patroon (de)	cartuccia (f)	[kar'tutʃa]
hagel (de)	pallini (m pl)	[pal'lini]

val (de)	tagliola (f)	[taʎ'ʎoʎa]
valstrik (de)	trappola (f)	['trappola]
in de val trappen	cadere in trappola	[ka'dere in 'trappola]
een val zetten	tendere una trappola	['tendere 'una 'trappola]

stroper (de)	bracconiere (m)	[brakko'njere]
wild (het)	cacciagione (m)	[katʃa'dʒone]
jachthond (de)	cane (m) da caccia	['kane da 'katʃa]
safari (de)	safari (m)	[sa'fari]
opgezet dier (het)	animale (m) impagliato	[ani'male impaʎ'ʎato]

visser (de)	pescatore (m)	[peska'tore]
visvangst (de)	pesca (f)	['peska]
vissen (ww)	pescare (vi)	[pe'skare]

hengel (de)	canna (f) da pesca	['kanna da 'peska]
vislijn (de)	lenza (f)	['lentsa]
haak (de)	amo (m)	['amo]

| dobber (de) | galleggiante (m) | [galle'dʒante] |
| aas (het) | esca (f) | ['eska] |

| de hengel uitwerpen | lanciare la canna | [lan'tʃjare la 'kanna] |
| bijten (ov. de vissen) | abboccare (vi) | [abbok'kare] |

| vangst (de) | pescato (m) | [pe'skato] |
| wak (het) | buco (m) nel ghiaccio | ['buko nel 'gjatʃo] |

| net (het) | rete (f) | ['rete] |
| boot (de) | barca (f) | ['barka] |

vissen met netten	prendere con la rete	['prendere kon la 'rete]
het net uitwerpen	gettare la rete	[dʒet'tare la 'rete]
het net binnenhalen	tirare le reti	[ti'rare le 'reti]
in het net vallen	cadere nella rete	[ka'dere 'nella 'rete]

walvisvangst (de)	baleniere (m)	[bale'njere]
walvisvaarder (de)	baleniera (f)	[bale'njera]
harpoen (de)	rampone (m)	[ram'pone]

134. Spellen. Biljart

biljart (het)	**biliardo** (m)	[bi'ljardo]
biljartzaal (de)	**sala** (f) **da biliardo**	['sala da bi'ljardo]
biljartbal (de)	**bilia** (f)	['bilia]
een bal in het gat jagen	**imbucare** (vt)	[imbu'kare]
keu (de)	**stecca** (f) **da biliardo**	['stekka da bi'ljardo]
gat (het)	**buca** (f)	['buka]

135. Spellen. Speelkaarten

ruiten (mv.)	**quadri** (m pl)	['kwadri]
schoppen (mv.)	**picche** (f pl)	['pikke]
klaveren (mv.)	**cuori** (m pl)	[ku'ori]
harten (mv.)	**fiori** (m pl)	['fjori]
aas (de)	**asso** (m)	['asso]
koning (de)	**re** (m)	[re]
dame (de)	**donna** (f)	['donna]
boer (de)	**fante** (m)	['fante]
speelkaart (de)	**carta** (f) **da gioco**	['karta da 'dʒoko]
kaarten (mv.)	**carte** (f pl)	['karte]
troef (de)	**briscola** (f)	['briskola]
pak (het) kaarten	**mazzo** (m) **di carte**	['mattso di 'karte]
punt (bijv. vijftig ~en)	**punto** (m)	['punto]
uitdelen (kaarten ~)	**dare le carte**	['dare le 'karte]
schudden (de kaarten ~)	**mescolare** (vt)	[mesko'lare]
beurt (de)	**turno** (m)	['turno]
valsspeler (de)	**baro** (m)	['baro]

136. Rusten. Spellen. Diversen

wandelen (on.ww.)	**passeggiare** (vi)	[passe'dʒare]
wandeling (de)	**passeggiata** (f)	[passe'dʒata]
trip (per auto)	**gita** (f)	['dʒita]
avontuur (het)	**avventura** (f)	[avven'tura]
picknick (de)	**picnic** (m)	['piknik]
spel (het)	**gioco** (m)	['dʒoko]
speler (de)	**giocatore** (m)	[dʒoka'tore]
partij (de)	**partita** (f)	[par'tita]
collectioneur (de)	**collezionista** (m)	[kolletsjo'nista]
collectioneren (ww)	**collezionare** (vt)	[kolletsio'nare]
collectie (de)	**collezione** (f)	[kolle'tsjone]
kruiswoordraadsel (het)	**cruciverba** (m)	[krutʃi'verba]
hippodroom (de)	**ippodromo** (m)	[ip'podromo]

discotheek (de)	discoteca (f)	[disko'teka]
sauna (de)	sauna (f)	['sauna]
loterij (de)	lotteria (f)	[lotte'ria]

trektocht (kampeertocht)	campeggio (m)	[kam'pedʒo]
kamp (het)	campo (m)	['kampo]
tent (de)	tenda (f) da campeggio	['tenda da kam'pedʒo]
kompas (het)	bussola (f)	['bussola]
rugzaktoerist (de)	campeggiatore (m)	[kampedʒa'tore]

bekijken (een film ~)	guardare (vt)	[gwar'dare]
kijker (televisie~)	telespettatore (m)	[telespetta'tore]
televisie-uitzending (de)	trasmissione (f)	[trazmis'sjone]

137. Fotografie

| fotocamera (de) | macchina (f) fotografica | ['makkina foto'grafika] |
| foto (de) | fotografia (f) | [fotogra'fia] |

fotograaf (de)	fotografo (m)	[fo'tografo]
fotostudio (de)	studio (m) fotografico	['studio foto'grafiko]
fotoalbum (het)	album (m) di fotografie	['album di fotogra'fie]

lens (de), objectief (het)	obiettivo (m)	[objet'tivo]
telelens (de)	teleobiettivo (m)	[teleobjet'tivo]
filter (de/het)	filtro (m)	['filtro]
lens (de)	lente (f)	['lente]

optiek (de)	ottica (f)	['ottika]
diafragma (het)	diaframma (m)	[dia'framma]
belichtingstijd (de)	tempo (m) di esposizione	['tempo di espozi'tsjone]
zoeker (de)	mirino (m)	[mi'rino]

digitale camera (de)	fotocamera (f) digitale	[foto'kamera didʒi'tale]
statief (het)	cavalletto (m)	[kaval'letto]
flits (de)	flash (m)	[fleʃ]

fotograferen (ww)	fotografare (vt)	[fotogra'fare]
foto's maken	fare foto	['fare 'foto]
zich laten fotograferen	fotografarsi	[fotogra'farsi]

focus (de)	fuoco (m)	[fu'oko]
scherpstellen (ww)	mettere a fuoco	['mettere a fu'oko]
scherp (bn)	nitido	['nitido]
scherpte (de)	nitidezza (f)	[niti'dettsa]

| contrast (het) | contrasto (m) | [kon'trasto] |
| contrastrijk (bn) | contrastato | [kontra'stato] |

kiekje (het)	foto (f)	['foto]
negatief (het)	negativa (f)	[nega'tiva]
filmpje (het)	pellicola (f) fotografica	[pel'likola foto'grafika]
beeld (frame)	fotogramma (m)	[foto'gramma]
afdrukken (foto's ~)	stampare (vt)	[stam'pare]

138. Strand. Zwemmen

strand (het)	spiaggia (f)	['spjadʒa]
zand (het)	sabbia (f)	['sabbia]
leeg (~ strand)	deserto	[de'zerto]
bruine kleur (de)	abbronzatura (f)	[abbrondza'tura]
zonnebaden (ww)	abbronzarsi (vr)	[abbron'dzarsi]
gebruind (bn)	abbronzato	[abbron'dzato]
zonnecrème (de)	crema (f) solare	['krema so'lare]
bikini (de)	bikini (m)	[bi'kini]
badpak (het)	costume (m) da bagno	[ko'stume da 'baɲo]
zwembroek (de)	slip (m) da bagno	[zlip da 'baɲo]
zwembad (het)	piscina (f)	[pi'ʃina]
zwemmen (ww)	nuotare (vi)	[nuo'tare]
douche (de)	doccia (f)	['dotʃa]
zich omkleden (ww)	cambiarsi (vr)	[kam'bjarsi]
handdoek (de)	asciugamano (m)	[aʃuga'mano]
boot (de)	barca (f)	['barka]
motorboot (de)	motoscafo (m)	[moto'skafo]
waterski's (mv.)	sci (m) nautico	[ʃi 'nautiko]
waterfiets (de)	pedalò (m)	[peda'lo]
surfen (het)	surf (m)	[serf]
surfer (de)	surfista (m)	[sur'fista]
scuba, aqualong (de)	autorespiratore (m)	[autorespira'tore]
zwemvliezen (mv.)	pinne (f pl)	['pinne]
duikmasker (het)	maschera (f)	['maskera]
duiker (de)	subacqueo (m)	[su'bakveo]
duiken (ww)	tuffarsi (vr)	[tuf'farsi]
onder water (bw)	sott'acqua	[so'takva]
parasol (de)	ombrellone (m)	[ombrel'lone]
ligstoel (de)	sdraio (f)	['zdrajo]
zonnebril (de)	occhiali (m pl) da sole	[ok'kjali da 'sole]
luchtmatras (de/het)	materasso (m) ad aria	[mate'rasso ad 'aria]
spelen (ww)	giocare (vi)	[dʒo'kare]
gaan zwemmen (ww)	fare il bagno	['fare il 'baɲo]
bal (de)	pallone (m)	[pal'lone]
opblazen (oppompen)	gonfiare (vt)	[gon'fjare]
lucht-, opblaasbare (bn)	gonfiabile	[gon'fjabile]
golf (hoge ~)	onda (f)	['onda]
boei (de)	boa (f)	['boa]
verdrinken (ww)	annegare (vi)	[anne'gare]
redden (ww)	salvare (vt)	[sal'vare]
reddingsvest (de)	giubbotto (m) di salvataggio	[dʒub'botto di salva'tadʒo]
waarnemen (ww)	osservare (vt)	[osser'vare]
redder (de)	bagnino (m)	[ba'ɲino]

TECHNISCHE APPARATUUR. VERVOER

Technische apparatuur

139. Computer

computer (de)	computer (m)	[kom'pjuter]
laptop (de)	computer (m) portatile	[kom'pjuter por'tatile]
aanzetten (ww)	accendere (vt)	[a'tʃendere]
uitzetten (ww)	spegnere (vt)	['speɲere]
toetsenbord (het)	tastiera (f)	[tas'tjera]
toets (enter~)	tasto (m)	['tasto]
muis (de)	mouse (m)	['maus]
muismat (de)	tappetino (m) del mouse	[tappe'tino del 'maus]
knopje (het)	tasto (m)	['tasto]
cursor (de)	cursore (m)	[kur'sore]
monitor (de)	monitor (m)	['monitor]
scherm (het)	schermo (m)	['skermo]
harde schijf (de)	disco (m) rigido	['disko 'ridʒido]
volume (het) van de harde schijf	spazio (m) sul disco rigido	['spatsio sul 'disko 'ridʒido]
geheugen (het)	memoria (f)	[me'moria]
RAM-geheugen (het)	memoria (f) operativa	[me'moria opera'tiva]
bestand (het)	file (m)	[fajl]
folder (de)	cartella (f)	[kar'tella]
openen (ww)	aprire (vt)	[a'prire]
sluiten (ww)	chiudere (vt)	['kjudere]
opslaan (ww)	salvare (vt)	[sal'vare]
verwijderen (wissen)	eliminare (vt)	[elimi'nare]
kopiëren (ww)	copiare (vt)	[ko'pjare]
sorteren (ww)	ordinare (vt)	[ordi'nare]
overplaatsen (ww)	trasferire (vt)	[trasfe'rire]
programma (het)	programma (m)	[pro'gramma]
software (de)	software (m)	['softwea]
programmeur (de)	programmatore (m)	[programma'tore]
programmeren (ww)	programmare (vt)	[program'mare]
hacker (computerkraker)	hacker (m)	['aker]
wachtwoord (het)	password (f)	['password]
virus (het)	virus (m)	['virus]
ontdekken (virus ~)	trovare (vt)	[tro'vare]

byte (de)	**byte** (m)	[bajt]
megabyte (de)	**megabyte** (m)	['megabajt]

data (de)	**dati** (m pl)	['dati]
databank (de)	**database** (m)	['databejz]

kabel (USB-~, enz.)	**cavo** (m)	['kavo]
afsluiten (ww)	**sconnettere** (vt)	[skon'nettere]
aansluiten op (ww)	**collegare** (vt)	[kolle'gare]

140. Internet. E-mail

internet (het)	**internet** (f)	['internet]
browser (de)	**navigatore** (m)	[naviga'tore]
zoekmachine (de)	**motore** (m) **di ricerca**	[mo'tore di ri'tʃerka]
internetprovider (de)	**provider** (m)	[pro'vajder]

webmaster (de)	**webmaster** (m)	web'master]
website (de)	**sito web** (m)	['sito web]
webpagina (de)	**pagina web** (f)	['padʒina web]

adres (het)	**indirizzo** (m)	[indi'rittso]
adresboek (het)	**rubrica** (f) **indirizzi**	[ru'brika indi'rittsi]

postvak (het)	**casella** (f) **di posta**	[ka'zella di 'posta]
post (de)	**posta** (f)	['posta]
vol (~ postvak)	**battaglia** (f)	[bat'taʎʎa]

bericht (het)	**messaggio** (m)	[mes'sadʒo]
binnenkomende berichten (mv.)	**messaggi** (m pl) **in arrivo**	[mes'sadʒi in ar'rivo]
uitgaande berichten (mv.)	**messaggi** (m pl) **in uscita**	[mes'sadʒo in u'ʃita]
verzender (de)	**mittente** (m)	[mit'tente]
verzenden (ww)	**inviare** (vt)	[in'vjare]
verzending (de)	**invio** (m)	[in'vio]

ontvanger (de)	**destinatario** (m)	[destina'tario]
ontvangen (ww)	**ricevere** (vt)	[ri'tʃevere]

correspondentie (de)	**corrispondenza** (f)	[korrispon'dentsa]
corresponderen (met …)	**essere in corrispondenza**	['essere in korrispon'dentsa]

bestand (het)	**file** (m)	[fajl]
downloaden (ww)	**scaricare** (vt)	[skari'kare]
creëren (ww)	**creare** (vt)	[kre'are]
verwijderen (een bestand ~)	**eliminare** (vt)	[elimi'nare]
verwijderd (bn)	**eliminato**	[elimi'nato]

verbinding (de)	**connessione** (f)	[konne'sjone]
snelheid (de)	**velocità** (f)	[velotʃi'ta]
modem (de)	**modem** (m)	['modem]
toegang (de)	**accesso** (m)	[a'tʃesso]
poort (de)	**porta** (f)	['porta]
aansluiting (de)	**collegamento** (m)	[kollega'mento]

zich aansluiten (ww)	**collegarsi a ...**	[kolle'garsi a]
selecteren (ww)	**scegliere** (vt)	['ʃeʎʎere]
zoeken (ww)	**cercare** (vt)	[tʃer'kare]

Vervoer

141. Vliegtuig

vliegtuig (het)	aereo (m)	[a'ereo]
vliegticket (het)	biglietto (m) aereo	[biʎ'ʎetto a'ereo]
luchtvaartmaatschappij (de)	compagnia (f) aerea	[kompa'ɲia a'erea]
luchthaven (de)	aeroporto (m)	[aero'porto]
supersonisch (bn)	supersonico	[super'soniko]
gezagvoerder (de)	comandante (m)	[koman'dante]
bemanning (de)	equipaggio (m)	[ekwi'padʒo]
piloot (de)	pilota (m)	[pi'lota]
stewardess (de)	hostess (f)	['ostess]
stuurman (de)	navigatore (m)	[naviga'tore]
vleugels (mv.)	ali (f pl)	['ali]
staart (de)	coda (f)	['koda]
cabine (de)	cabina (f)	[ka'bina]
motor (de)	motore (m)	[mo'tore]
landingsgestel (het)	carrello (m) d'atterraggio	[kar'rello datter'radʒo]
turbine (de)	turbina (f)	[tur'bina]
propeller (de)	elica (f)	['elika]
zwarte doos (de)	scatola (f) nera	['skatola 'nera]
stuur (het)	barra (f) di comando	['barra di ko'mando]
brandstof (de)	combustibile (m)	[kombu'stibile]
veiligheidskaart (de)	safety card (f)	['sejfti kard]
zuurstofmasker (het)	maschera (f) ad ossigeno	['maskera ad os'sidʒeno]
uniform (het)	uniforme (f)	[uni'forme]
reddingsvest (de)	giubbotto (m) di salvataggio	[dʒub'botto di salva'tadʒo]
parachute (de)	paracadute (m)	[paraka'dute]
opstijgen (het)	decollo (m)	[de'kollo]
opstijgen (ww)	decollare (vi)	[dekol'lare]
startbaan (de)	pista (f) di decollo	['pista di de'kollo]
zicht (het)	visibilità (f)	[vizibili'ta]
vlucht (de)	volo (m)	['volo]
hoogte (de)	altitudine (f)	[alti'tudine]
luchtzak (de)	vuoto (m) d'aria	[vu'oto 'daria]
plaats (de)	posto (m)	['posto]
koptelefoon (de)	cuffia (f)	['kuffia]
tafeltje (het)	tavolinetto (m) pieghevole	[tavoli'netto pje'gevole]
venster (het)	oblò (m), finestrino (m)	[ob'lo], [fine'strino]
gangpad (het)	corridoio (m)	[korri'dojo]

142. Trein

trein (de)	treno (m)	['treno]
elektrische trein (de)	elettrotreno (m)	[elettro'treno]
sneltrein (de)	treno (m) rapido	['treno 'rapido]
diesellocomotief (de)	locomotiva (f) diesel	[lokomo'tiva 'dizel]
stoomlocomotief (de)	locomotiva (f) a vapore	[lokomo'tiva a va'pore]
rijtuig (het)	carrozza (f)	[kar'rottsa]
restauratierijtuig (het)	vagone (m) ristorante	[va'gone risto'rante]
rails (mv.)	rotaie (f pl)	[ro'taje]
spoorweg (de)	ferrovia (f)	[ferro'via]
dwarsligger (de)	traversa (f)	[tra'versa]
perron (het)	banchina (f)	[baŋ'kina]
spoor (het)	binario (m)	[bi'nario]
semafoor (de)	semaforo (m)	[se'maforo]
halte (bijv. kleine treinhalte)	stazione (f)	[sta'tsjone]
machinist (de)	macchinista (m)	[makki'nista]
kruier (de)	portabagagli (m)	[porta·ba'gaʎʎi]
conducteur (de)	cuccettista (m, f)	[kutʃet'tista]
passagier (de)	passeggero (m)	[passe'dʒero]
controleur (de)	controllore (m)	[kontrol'lore]
gang (in een trein)	corridoio (m)	[korri'dojo]
noodrem (de)	freno (m) di emergenza	['freno di emer'dʒentsa]
coupé (de)	scompartimento (m)	[skomparti'mento]
bed (slaapplaats)	cuccetta (f)	[ku'tʃetta]
bovenste bed (het)	cuccetta (f) superiore	[ku'tʃetta supe'rjore]
onderste bed (het)	cuccetta (f) inferiore	[ku'tʃetta infe'rjore]
beddengoed (het)	biancheria (f) da letto	[bjanke'ria da 'letto]
kaartje (het)	biglietto (m)	[biʎ'ʎetto]
dienstregeling (de)	orario (m)	[o'rario]
informatiebord (het)	tabellone (m) orari	[tabel'lone o'rari]
vertrekken (De trein vertrekt ...)	partire (vi)	[par'tire]
vertrek (ov. een trein)	partenza (f)	[par'tentsa]
aankomen (ov. de treinen)	arrivare (vi)	[arri'vare]
aankomst (de)	arrivo (m)	[ar'rivo]
aankomen per trein	arrivare con il treno	[arri'vare kon il 'treno]
in de trein stappen	salire sul treno	[sa'lire sul 'treno]
uit de trein stappen	scendere dal treno	['ʃendere dal 'treno]
treinwrak (het)	deragliamento (m)	[deraʎʎa'mento]
ontspoord zijn	deragliare (vi)	[deraʎ'ʎare]
stoomlocomotief (de)	locomotiva (f) a vapore	[lokomo'tiva a va'pore]
stoker (de)	fuochista (m)	[fo'kista]
stookplaats (de)	forno (m)	['forno]
steenkool (de)	carbone (m)	[kar'bone]

143. Schip

| schip (het) | nave (f) | ['nave] |
| vaartuig (het) | imbarcazione (f) | [imbarka'tsjone] |

stoomboot (de)	piroscafo (m)	[pi'roskafo]
motorschip (het)	barca (f) fluviale	['barka flu'vjale]
lijnschip (het)	transatlantico (m)	[transat'lantiko]
kruiser (de)	incrociatore (m)	[inkrotʃa'tore]

jacht (het)	yacht (m)	[jot]
sleepboot (de)	rimorchiatore (m)	[rimorkja'tore]
duwbak (de)	chiatta (f)	['kjatta]
ferryboot (de)	traghetto (m)	[tra'getto]

| zeilboot (de) | veliero (m) | [ve'ljero] |
| brigantijn (de) | brigantino (m) | [brigan'tino] |

| ijsbreker (de) | rompighiaccio (m) | [rompi'gjatʃo] |
| duikboot (de) | sottomarino (m) | [sottoma'rino] |

boot (de)	barca (f)	['barka]
sloep (de)	scialuppa (f)	[ʃa'luppa]
reddingssloep (de)	scialuppa (f) di salvataggio	[ʃa'luppa di salva'tadʒo]
motorboot (de)	motoscafo (m)	[moto'skafo]

kapitein (de)	capitano (m)	[kapi'tano]
zeeman (de)	marittimo (m)	[ma'rittimo]
matroos (de)	marinaio (m)	[mari'najo]
bemanning (de)	equipaggio (m)	[ekwi'padʒo]

bootsman (de)	nostromo (m)	[no'stromo]
scheepsjongen (de)	mozzo (m) di nave	['mottso di 'nave]
kok (de)	cuoco (m)	[ku'oko]
scheepsarts (de)	medico (m) di bordo	['mediko di 'bordo]

dek (het)	ponte (m)	['ponte]
mast (de)	albero (m)	['albero]
zeil (het)	vela (f)	['vela]

ruim (het)	stiva (f)	['stiva]
voorsteven (de)	prua (f)	['prua]
achtersteven (de)	poppa (f)	['poppa]
roeispaan (de)	remo (m)	['remo]
schroef (de)	elica (f)	['elika]

kajuit (de)	cabina (f)	[ka'bina]
officierskamer (de)	quadrato (m) degli ufficiali	[kwa'drato 'deʎʎi uffi'ʧali]
machinekamer (de)	sala (f) macchine	['sala 'makkine]
brug (de)	ponte (m) di comando	['ponte di ko'mando]
radiokamer (de)	cabina (f) radiotelegrafica	[ka'bina radiotele'grafika]
radiogolf (de)	onda (f)	['onda]
logboek (het)	giornale (m) di bordo	[dʒor'nale di 'bordo]
verrekijker (de)	cannocchiale (m)	[kannok'kjale]
klok (de)	campana (f)	[kam'pana]

vlag (de)	bandiera (f)	[ban'djera]
kabel (de)	cavo (m) d'ormeggio	['kavo dor'medʒo]
knoop (de)	nodo (m)	['nodo]

| leuning (de) | ringhiera (f) | [rin'gjera] |
| trap (de) | passerella (f) | [passe'rella] |

anker (het)	ancora (f)	['ankora]
het anker lichten	levare l'ancora	[le'vare 'lankora]
het anker neerlaten	gettare l'ancora	[dʒet'tare 'lankora]
ankerketting (de)	catena (f) dell'ancora	[ka'tena dell 'ankora]

haven (bijv. containerhaven)	porto (m)	['porto]
kaai (de)	banchina (f)	[baŋ'kina]
aanleggen (ww)	ormeggiarsi (vr)	[orme'dʒarsi]
wegvaren (ww)	salpare (vi)	[sal'pare]

reis (de)	viaggio (m)	['vjadʒo]
cruise (de)	crociera (f)	[kro'tʃera]
koers (de)	rotta (f)	['rotta]
route (de)	itinerario (m)	[itine'rario]

vaarwater (het)	tratto (m) navigabile	['tratto navi'gabile]
zandbank (de)	secca (f)	['sekka]
stranden (ww)	arenarsi (vr)	[are'narsi]

storm (de)	tempesta (f)	[tem'pesta]
signaal (het)	segnale (m)	[se'ɲale]
zinken (ov. een boot)	affondare (vi)	[affon'dare]
Man overboord!	Uomo in mare!	[u'omo in 'mare]
SOS (noodsignaal)	SOS	['esse o 'esse]
reddingsboei (de)	salvagente (m) anulare	[salva'dʒente anu'lare]

144. Vliegveld

luchthaven (de)	aeroporto (m)	[aero'porto]
vliegtuig (het)	aereo (m)	[a'ereo]
luchtvaartmaatschappij (de)	compagnia (f) aerea	[kompa'ɲia a'erea]
luchtverkeersleider (de)	controllore (m) di volo	[kontrol'lore di 'volo]

vertrek (het)	partenza (f)	[par'tentsa]
aankomst (de)	arrivo (m)	[ar'rivo]
aankomen (per vliegtuig)	arrivare (vi)	[arri'vare]

| vertrektijd (de) | ora (f) di partenza | ['ora di par'tentsa] |
| aankomstuur (het) | ora (f) di arrivo | ['ora di ar'rivo] |

| vertraagd zijn (ww) | essere ritardato | ['essere ritar'dato] |
| vluchtvertraging (de) | volo (m) ritardato | ['volo ritar'dato] |

informatiebord (het)	tabellone (m) orari	[tabel'lone o'rari]
informatie (de)	informazione (f)	[informa'tsjone]
aankondigen (ww)	annunciare (vt)	[annun'tʃare]
vlucht (bijv. KLM ~)	volo (m)	['volo]

| douane (de) | dogana (f) | [do'gana] |
| douanier (de) | doganiere (m) | [doga'njere] |

douaneaangifte (de)	dichiarazione (f)	[dikjara'tsjone]
een douaneaangifte invullen	riempire una dichiarazione	[riem'pire 'una dikjara'tsjone]
paspoortcontrole (de)	controllo (m) passaporti	[kon'trollo passa'porti]

bagage (de)	bagaglio (m)	[ba'gaʎʎo]
handbagage (de)	bagaglio (m) a mano	[ba'gaʎʎo a 'mano]
bagagekarretje (het)	carrello (m)	[kar'rello]

landing (de)	atterraggio (m)	[atter'radʒo]
landingsbaan (de)	pista (f) di atterraggio	['pista di atter'radʒo]
landen (ww)	atterrare (vi)	[atter'rare]
vliegtuigtrap (de)	scaletta (f) dell'aereo	[ska'letta dell a'ereo]

inchecken (het)	check-in (m)	[tʃek-in]
incheckbalie (de)	banco (m) del check-in	['banko del tʃek-in]
inchecken (ww)	fare il check-in	['fare il tʃek-in]
instapkaart (de)	carta (f) d'imbarco	['karta dim'barko]
gate (de)	porta (f) d'imbarco	['porta dim'barko]

transit (de)	transito (m)	['tranzito]
wachten (ww)	aspettare (vt)	[aspet'tare]
wachtzaal (de)	sala (f) d'attesa	['sala dat'teza]
begeleiden (uitwuiven)	accompagnare (vt)	[akkompa'ɲare]
afscheid nemen (ww)	congedarsi (vr)	[kondʒe'darsi]

145. Fiets. Motorfiets

fiets (de)	bicicletta (f)	[bitʃi'kletta]
bromfiets (de)	motorino (m)	[moto'rino]
motorfiets (de)	motocicletta (f)	[mototʃi'kletta]

met de fiets rijden	andare in bicicletta	[an'dare in bitʃi'kletta]
stuur (het)	manubrio (m)	[ma'nubrio]
pedaal (de/het)	pedale (m)	[pe'dale]
remmen (mv.)	freni (m pl)	['freni]
fietszadel (de/het)	sellino (m)	[sel'lino]

pomp (de)	pompa (f)	['pompa]
bagagedrager (de)	portabagagli (m)	[porta·ba'gaʎʎi]
fietslicht (het)	fanale (m) anteriore	[fa'nale ante'rjore]
helm (de)	casco (m)	['kasko]

wiel (het)	ruota (f)	[ru'ota]
spatbord (het)	parafango (m)	[para'fango]
velg (de)	cerchione (m)	[tʃer'kjone]
spaak (de)	raggio (m)	['radʒo]

Auto's

146. Soorten auto's

auto (de)	automobile (f)	[auto'mobile]
sportauto (de)	auto (f) sportiva	['auto spor'tiva]
limousine (de)	limousine (f)	[limu'zin]
terreinwagen (de)	fuoristrada (m)	[fuori'strada]
cabriolet (de)	cabriolet (m)	[kabrio'le]
minibus (de)	pulmino (m)	[pul'mino]
ambulance (de)	ambulanza (f)	[ambu'lantsa]
sneeuwruimer (de)	spazzaneve (m)	[spattsa'neve]
vrachtwagen (de)	camion (m)	['kamjon]
tankwagen (de)	autocisterna (f)	[auto·tʃi'sterna]
bestelwagen (de)	furgone (m)	[fur'gone]
trekker (de)	motrice (f)	[mo'tritʃe]
aanhangwagen (de)	rimorchio (m)	[ri'morkio]
comfortabel (bn)	confortevole	[konfor'tevole]
tweedehands (bn)	di seconda mano	[di se'konda 'mano]

147. Auto's. Carrosserie

motorkap (de)	cofano (m)	['kofano]
spatbord (het)	parafango (m)	[para'fango]
dak (het)	tetto (m)	['tetto]
voorruit (de)	parabrezza (m)	[para'breddza]
achterruit (de)	retrovisore (m)	[retrovi'zore]
ruitensproeier (de)	lavacristallo (m)	[lava kris'tallo]
wisserbladen (mv.)	tergicristallo (m)	[terdʒikris'tallo]
zijruit (de)	finestrino (m) laterale	[fine'strino late'rale]
raamlift (de)	alzacristalli (m)	[altsa·kri'stalli]
antenne (de)	antenna (f)	[an'tenna]
zonnedak (het)	tettuccio (m) apribile	[tet'tutʃo a'pribile]
bumper (de)	paraurti (m)	[para'urti]
koffer (de)	bagagliaio (m)	[bagaʎ'ʎajo]
imperiaal (de/het)	portapacchi (m)	[porta'pakki]
portier (het)	portiera (f)	[por'tjera]
handvat (het)	maniglia (f)	[ma'niʎʎa]
slot (het)	serratura (f)	[serra'tura]
nummerplaat (de)	targa (f)	['targa]
knalpot (de)	marmitta (f)	[mar'mitta]

benzinetank (de)	serbatoio (m) della benzina	[serba'tojo della ben'dzina]
uitlaatpijp (de)	tubo (m) di scarico	['tubo di 'skariko]
gas (het)	acceleratore (m)	[atʃelera'tore]
pedaal (de/het)	pedale (m)	[pe'dale]
gaspedaal (de/het)	pedale (m) dell'acceleratore	[pe'dale dell atʃelera'tore]
rem (de)	freno (m)	['freno]
rempedaal (de/het)	pedale (m) del freno	[pe'dale del 'freno]
remmen (ww)	frenare (vi)	[fre'nare]
handrem (de)	freno (m) a mano	['freno a 'mano]
koppeling (de)	frizione (f)	[fri'tsjone]
koppelingspedaal (de/het)	pedale (m) della frizione	[pe'dale 'della fri'tsjone]
koppelingsschijf (de)	disco (m) della frizione	['disko 'della fri'tsjone]
schokdemper (de)	ammortizzatore (m)	[ammortiddza'tore]
wiel (het)	ruota (f)	[ru'ota]
reservewiel (het)	ruota (f) di scorta	[ru'ota di 'skorta]
band (de)	pneumatico (m)	[pneu'matiko]
wieldop (de)	copriruota (m)	[kopri·ru'ota]
aandrijfwielen (mv.)	ruote (f pl) motrici	[ru'ote mo'tritʃi]
met voorwielaandrijving	a trazione anteriore	[a tra'tsjone ante'rjore]
met achterwielaandrijving	a trazione posteriore	[a tra'tsjone poste'rjore]
met vierwielaandrijving	a trazione integrale	[a tra'tsjone inte'grale]
versnellingsbak (de)	scatola (f) del cambio	['skatola del 'kambio]
automatisch (bn)	automatico	[auto'matiko]
mechanisch (bn)	meccanico	[mek'kaniko]
versnellingspook (de)	leva (f) del cambio	['leva del 'kambio]
voorlicht (het)	faro (m)	['faro]
voorlichten (mv.)	luci (f pl), fari (m pl)	['lutʃi], ['fari]
dimlicht (het)	luci (f pl) anabbaglianti	['lutʃi anabbaʎ'ʎanti]
grootlicht (het)	luci (f pl) abbaglianti	['lutʃi abbaʎ'ʎanti]
stoplicht (het)	luci (f pl) di arresto	['lutʃi di ar'resto]
standlichten (mv.)	luci (f pl) di posizione	['lutʃi di pozi'tsjone]
noodverlichting (de)	luci (f pl) di emergenza	['lutʃi di emer'dʒentsa]
mistlichten (mv.)	fari (m pl) antinebbia	['fari anti'nebbia]
pinker (de)	freccia (f)	['fretʃa]
achteruitrijdlicht (het)	luci (f pl) di retromarcia	['lutʃi di retro'martʃa]

148. Auto's. Passagiersruimte

interieur (het)	abitacolo (m)	[abi'takolo]
leren (van leer gemaak)	di pelle	[di 'pelle]
fluwelen (abn)	in velluto	[in vel'luto]
bekleding (de)	rivestimento (m)	[rivesti'mento]
toestel (het)	strumento (m) di bordo	[stru'mento di 'bordo]
instrumentenbord (het)	cruscotto (m)	[kru'skotto]

snelheidsmeter (de)	**tachimetro** (m)	[ta'kimetro]
pijltje (het)	**lancetta** (f)	[lan'tʃetta]
kilometerteller (de)	**contachilometri** (m)	[kontaki'lometri]
sensor (de)	**indicatore** (m)	[indika'tore]
niveau (het)	**livello** (m)	[li'vello]
controlelampje (het)	**spia** (f) **luminosa**	['spia lumi'noza]
stuur (het)	**volante** (m)	[vo'lante]
toeter (de)	**clacson** (m)	['klakson]
knopje (het)	**pulsante** (m)	[pul'sante]
schakelaar (de)	**interruttore** (m)	[interrut'tore]
stoel (bestuurders~)	**sedile** (m)	[se'dile]
rugleuning (de)	**spalliera** (f)	[spal'ljera]
hoofdsteun (de)	**appoggiatesta** (m)	[appoʤa'testa]
veiligheidsgordel (de)	**cintura** (f) **di sicurezza**	[tʃin'tura di siku'rettsa]
de gordel aandoen	**allacciare la cintura**	[ala'tʃare la tʃin'tura]
regeling (de)	**regolazione** (f)	[regola'tsjone]
airbag (de)	**airbag** (m)	['erbeg]
airconditioner (de)	**condizionatore** (m)	[konditsiona'tore]
radio (de)	**radio** (f)	['radio]
CD-speler (de)	**lettore** (m) **CD**	[let'tore tʃi'di]
aanzetten (bijv. radio ~)	**accendere** (vt)	[a'tʃendere]
antenne (de)	**antenna** (f)	[an'tenna]
handschoenenkastje (het)	**vano** (m) **portaoggetti**	['vano porta·o'ʤetti]
asbak (de)	**portacenere** (m)	[porta·'tʃenere]

149. Auto's. Motor

diesel- (abn)	**a diesel**	[a 'dizel]
benzine- (~motor)	**a benzina**	[a ben'ʣina]
motorinhoud (de)	**cilindrata** (f)	[tʃilin'drata]
vermogen (het)	**potenza** (f)	[po'tentsa]
paardenkracht (de)	**cavallo vapore** (m)	[ka'vallo va'pore]
zuiger (de)	**pistone** (m)	[pi'stone]
cilinder (de)	**cilindro** (m)	[tʃi'lindro]
klep (de)	**valvola** (f)	['valvola]
injectie (de)	**iniettore** (m)	[injet'tore]
generator (de)	**generatore** (m)	[ʤenera'tore]
carburator (de)	**carburatore** (m)	[karbura'tore]
motorolie (de)	**olio** (m) **motore**	['olio mo'tore]
radiator (de)	**radiatore** (m)	[radia'tore]
koelvloeistof (de)	**liquido** (m) **di raffreddamento**	['likwido di raffredda'mento]
ventilator (de)	**ventilatore** (m)	[ventila'tore]
accu (de)	**batteria** (m)	[batte'ria]
starter (de)	**motorino** (m) **d'avviamento**	[moto'rino davvja'mento]

| contact (ontsteking) | accensione (f) | [atʃen'sjone] |
| bougie (de) | candela (f) d'accensione | [kan'dela datʃen'sjone] |

pool (de)	morsetto (m)	[mor'setto]
positieve pool (de)	più (m)	['pju]
negatieve pool (de)	meno (m)	['meno]
zekering (de)	fusibile (m)	[fu'zibile]

luchtfilter (de)	filtro (m) dell'aria	['filtro dell 'aria]
oliefilter (de)	filtro (m) dell'olio	['filtro dell 'olio]
benzinefilter (de)	filtro (m) del carburante	['filtro del karbu'rante]

150. Auto's. Botsing. Reparatie

auto-ongeval (het)	incidente (m)	[intʃi'dente]
verkeersongeluk (het)	incidente (m) stradale	[intʃi'dente stra'dale]
aanrijden (tegen een boom, enz.)	sbattere contro ...	['zbattere 'kontro]
verongelukken (ww)	avere un incidente	[a'vere un intʃi'dente]
beschadiging (de)	danno (m)	['danno]
heelhuids (bn)	illeso	[il'lezo]

pech (de)	guasto (m), avaria (f)	['gwasto], [ava'ria]
kapot gaan (zijn gebroken)	essere rotto	['essere 'rotto]
sleeptouw (het)	cavo (m) di rimorchio	['kavo di ri'morkio]

lek (het)	foratura (f)	[fora'tura]
lekke krijgen (band)	essere a terra	['essere a 'terra]
oppompen (ww)	gonfiare (vt)	[gon'fjare]
druk (de)	pressione (f)	[pres'sjone]
checken (ww)	verificare (vt)	[verifi'kare]

reparatie (de)	riparazione (f)	[ripara'tsjone]
garage (de)	officina (f) meccanica	[offi'tʃina me'kanika]
wisselstuk (het)	pezzo (m) di ricambio	['pettso di ri'kambio]
onderdeel (het)	pezzo (m)	['pettso]

bout (de)	bullone (m)	[bul'lone]
schroef (de)	bullone (m) a vite	[bul'lone a 'vite]
moer (de)	dado (m)	['dado]
sluitring (de)	rondella (f)	[ron'della]
kogellager (de/het)	cuscinetto (m)	[kuʃi'netto]

pijp (de)	tubo (m)	['tubo]
pakking (de)	guarnizione (f)	[gwarni'tsjone]
kabel (de)	filo (m), cavo (m)	['filo], ['kavo]

dommekracht (de)	cric (m)	[krik]
moersleutel (de)	chiave (f)	['kjave]
hamer (de)	martello (m)	[mar'tello]
pomp (de)	pompa (f)	['pompa]
schroevendraaier (de)	giravite (m)	[dʒira'vite]
brandblusser (de)	estintore (m)	[estin'tore]
gevarendriehoek (de)	triangolo (m) di emergenza	[tri'angolo di emer'dʒentsa]

afslaan (ophouden te werken)	spegnersi (vr)	['speɲersi]
uitvallen (het)	spegnimento (m) motore	[speɲi'mento mo'tore]
zijn gebroken	essere rotto	['essere 'rotto]

oververhitten (ww)	surriscaldarsi (vr)	[surriskal'darsi]
verstopt raken (ww)	intasarsi (vr)	[inta'zarsi]
bevriezen (autodeur, enz.)	ghiacciarsi (vr)	[gja'tʃarsi]
barsten (leidingen, enz.)	spaccarsi (vr)	[spak'karsi]

druk (de)	pressione (f)	[pres'sjone]
niveau (bijv. olieniveau)	livello (m)	[li'vello]
slap (de drijfriem is ~)	lento	['lento]

deuk (de)	ammaccatura (f)	[ammakka'tura]
geklop (vreemde geluiden)	battito (m)	['battito]
barst (de)	fessura (f)	[fes'sura]
kras (de)	graffiatura (f)	[graffja'tura]

151. Auto's. Weg

weg (de)	strada (f)	['strada]
snelweg (de)	superstrada (f)	[super'strada]
autoweg (de)	autostrada (f)	[auto'strada]
richting (de)	direzione (f)	[dire'tsjone]
afstand (de)	distanza (f)	[di'stantsa]

brug (de)	ponte (m)	['ponte]
parking (de)	parcheggio (m)	[par'kedʒo]
plein (het)	piazza (f)	['pjattsa]
verkeersknooppunt (het)	svincolo (m)	['zvinkolo]
tunnel (de)	galleria (f), tunnel (m)	[galle'ria], ['tunnel]

benzinestation (het)	distributore (m) di benzina	[distribu'tore di ben'dzina]
parking (de)	parcheggio (m)	[par'kedʒo]
benzinepomp (de)	pompa (f) di benzina	['pompa di ben'dzina]
garage (de)	officina (f) meccanica	[offi'tʃina me'kanika]
tanken (ww)	fare benzina	['fare ben'dzina]
brandstof (de)	carburante (m)	[karbu'rante]
jerrycan (de)	tanica (f)	['tanika]

asfalt (het)	asfalto (m)	[as'falto]
markering (de)	segnaletica (f) stradale	[seɲa'letika stra'dale]
trottoirband (de)	cordolo (m)	['kordolo]
geleiderail (de)	barriera (f) di sicurezza	[bar'rjera di siku'rettsa]
greppel (de)	fosso (m)	['fosso]
vluchtstrook (de)	ciglio (m) della strada	['tʃiʎʎo della 'strada]
lichtmast (de)	lampione (m)	[lam'pjone]

besturen (een auto ~)	guidare, condurre	[gwi'dare], [kon'durre]
afslaan (naar rechts ~)	girare (vi)	[dʒi'rare]
U-bocht maken (ww)	fare un'inversione a U	['fare un inver'sjone a u:]
achteruit (de)	retromarcia (m)	[retro'martʃa]
toeteren (ww)	suonare il clacson	[suo'nare il 'klakson]

toeter (de)	colpo (m) di clacson	['kolpo di 'klakson]
vastzitten (in modder)	incastrarsi (vr)	[inka'strarsi]
spinnen (wielen gaan ~)	impantanarsi (vr)	[impanta'narsi]
uitzetten (ww)	spegnere (vt)	['speɲere]
snelheid (de)	velocità (f)	[veloʧi'ta]
een snelheidsovertreding	superare i limiti	[supe'rare i 'limiti
maken	di velocità	di veloʧi'ta]
bekeuren (ww)	multare (vt)	[mul'tare]
verkeerslicht (het)	semaforo (m)	[se'maforo]
rijbewijs (het)	patente (f) di guida	[pa'tente di 'gwida]
overgang (de)	passaggio (m) a livello	[pas'saʤo a li'vello]
kruispunt (het)	incrocio (m)	[in'kroʧo]
zebrapad (oversteekplaats)	passaggio (m) pedonale	[pas'saʤo pedo'nale]
bocht (de)	curva (f)	['kurva]
voetgangerszone (de)	zona (f) pedonale	['ʣona pedo'nale]

MENSEN. GEBEURTENISSEN IN HET LEVEN

Gebeurtenissen in het leven

152. Vakanties. Evenement

feest (het)	festa (f)	['festa]
nationale feestdag (de)	festa (f) nazionale	['festa natsjo'nale]
feestdag (de)	festività (f) civile	[festivi'ta tʃi'vile]
herdenken (ww)	festeggiare (vt)	[feste'dʒare]
gebeurtenis (de)	avvenimento (m)	[avveni'mento]
evenement (het)	evento (m)	[e'vento]
banket (het)	banchetto (m)	[baŋ'ketto]
receptie (de)	ricevimento (m)	[ritʃevi'mento]
feestmaal (het)	festino (m)	[fes'tino]
verjaardag (de)	anniversario (m)	[anniver'sario]
jubileum (het)	giubileo (m)	[dʒubi'leo]
vieren (ww)	festeggiare (vt)	[feste'dʒare]
Nieuwjaar (het)	Capodanno (m)	[kapo'danno]
Gelukkig Nieuwjaar!	Buon Anno!	[buo'nanno]
Kerstfeest (het)	Natale (m)	[na'tale]
Vrolijk kerstfeest!	Buon Natale!	[bu'on na'tale]
kerstboom (de)	Albero (m) di Natale	['albero di na'tale]
vuurwerk (het)	fuochi (m pl) artificiali	[fu'oki artifi'tʃali]
bruiloft (de)	nozze (f pl)	['nottse]
bruidegom (de)	sposo (m)	['spozo]
bruid (de)	sposa (f)	['spoza]
uitnodigen (ww)	invitare (vt)	[invi'tare]
uitnodigingskaart (de)	invito (m)	[in'vito]
gast (de)	ospite (m)	['ospite]
op bezoek gaan	andare a trovare	[an'dare a tro'vare]
gasten verwelkomen	accogliere gli invitati	[ak'koʎʎere ʎi invi'tati]
geschenk, cadeau (het)	regalo (m)	[re'galo]
geven (iets cadeau ~)	offrire (vt)	[of'frire]
geschenken ontvangen	ricevere i regali	[ri'tʃevere i re'gali]
boeket (het)	mazzo (m) di fiori	['mattso di 'fjori]
felicitaties (mv.)	auguri (m pl)	[au'guri]
feliciteren (ww)	augurare (vt)	[augu'rare]
wenskaart (de)	cartolina (f)	[karto'lina]
een kaartje versturen	mandare una cartolina	[man'dare 'una karto'lina]

een kaartje ontvangen	ricevere una cartolina	[ri'tʃevere 'una karto'lina]
toast (de)	brindisi (m)	['brindizi]
aanbieden (een drankje ~)	offrire (vt)	[of'frire]
champagne (de)	champagne (m)	[ʃam'paɲ]

plezier hebben (ww)	divertirsi (vr)	[diver'tirsi]
plezier (het)	allegria (f)	[alle'gria]
vreugde (de)	gioia (f)	['dʒoja]

| dans (de) | danza (f), ballo (m) | ['dantsa], ['ballo] |
| dansen (ww) | ballare (vi, vt) | [bal'lare] |

| wals (de) | valzer (m) | ['valtser] |
| tango (de) | tango (m) | ['tango] |

153. Begrafenissen. Begrafenis

kerkhof (het)	cimitero (m)	[tʃimi'tero]
graf (het)	tomba (f)	['tomba]
kruis (het)	croce (f)	['krotʃe]
grafsteen (de)	pietra (f) tombale	['pjetra tom'bale]
omheining (de)	recinto (m)	[re'tʃinto]
kapel (de)	cappella (f)	[kap'pella]

dood (de)	morte (f)	['morte]
sterven (ww)	morire (vi)	[mo'rire]
overledene (de)	defunto (m)	[de'funto]
rouw (de)	lutto (m)	['lutto]

begraven (ww)	seppellire (vt)	[seppel'lire]
begrafenisonderneming (de)	sede (f) di pompe funebri	['sede di 'pompe 'funebri]
begrafenis (de)	funerale (m)	[fune'rale]

krans (de)	corona (f) di fiori	[ko'rona di 'fjori]
doodskist (de)	bara (f)	['bara]
lijkwagen (de)	carro (m) funebre	['karro 'funebre]
lijkkleed (de)	lenzuolo (m) funebre	[lentsu'olo 'funebre]

begrafenisstoet (de)	corteo (m) funebre	[kor'teo 'funebre]
urn (de)	urna (f) funeraria	['urna fune'raria]
crematorium (het)	crematorio (m)	[krema'torio]

overlijdensbericht (het)	necrologio (m)	[nekro'lodʒo]
huilen (wenen)	piangere (vi)	['pjandʒere]
snikken (huilen)	singhiozzare (vi)	[singjot'tsare]

154. Oorlog. Soldaten

peloton (het)	plotone (m)	[plo'tone]
compagnie (de)	compagnia (f)	[kompa'ɲia]
regiment (het)	reggimento (m)	[redʒi'mento]
leger (armee)	esercito (m)	[e'zertʃito]

divisie (de)	**divisione** (f)	[divi'zjone]
sectie (de)	**distaccamento** (m)	[distakka'mento]
troep (de)	**armata** (f)	[ar'mata]
soldaat (militair)	**soldato** (m)	[sol'dato]
officier (de)	**ufficiale** (m)	[uffi'tʃale]
soldaat (rang)	**soldato** (m) **semplice**	[sol'dato 'semplitʃe]
sergeant (de)	**sergente** (m)	[ser'dʒente]
luitenant (de)	**tenente** (m)	[te'nente]
kapitein (de)	**capitano** (m)	[kapi'tano]
majoor (de)	**maggiore** (m)	[ma'dʒore]
kolonel (de)	**colonnello** (m)	[kolon'nello]
generaal (de)	**generale** (m)	[dʒene'rale]
matroos (de)	**marinaio** (m)	[mari'najo]
kapitein (de)	**capitano** (m)	[kapi'tano]
bootsman (de)	**nostromo** (m)	[no'stromo]
artillerist (de)	**artigliere** (m)	[artiʎ'ʎere]
valschermjager (de)	**paracadutista** (m)	[parakadu'tista]
piloot (de)	**pilota** (m)	[pi'lota]
stuurman (de)	**navigatore** (m)	[naviga'tore]
mecanicien (de)	**meccanico** (m)	[mek'kaniko]
sappeur (de)	**geniere** (m)	[dʒe'njere]
parachutist (de)	**paracadutista** (m)	[parakadu'tista]
verkenner (de)	**esploratore** (m)	[esplora'tore]
scherpschutter (de)	**cecchino** (m)	[tʃek'kino]
patrouille (de)	**pattuglia** (f)	[pat'tuʎʎa]
patrouilleren (ww)	**pattugliare** (vt)	[pattuʎ'ʎare]
wacht (de)	**sentinella** (f)	[senti'nella]
krijger (de)	**guerriero** (m)	[gwer'rjero]
patriot (de)	**patriota** (m)	[patri'ota]
held (de)	**eroe** (m)	[e'roe]
heldin (de)	**eroina** (f)	[ero'ina]
verrader (de)	**traditore** (m)	[tradi'tore]
deserteur (de)	**disertore** (m)	[dizer'tore]
deserteren (ww)	**disertare** (vi)	[dizer'tare]
huurling (de)	**mercenario** (m)	[mertʃe'nario]
rekruut (de)	**recluta** (f)	['rekluta]
vrijwilliger (de)	**volontario** (m)	[volon'tario]
gedode (de)	**ucciso** (m)	[u'tʃizo]
gewonde (de)	**ferito** (m)	[fe'rito]
krijgsgevangene (de)	**prigioniero** (m) **di guerra**	[pridʒo'njero di 'gwerra]

155. Oorlog. Militaire acties. Deel 1

oorlog (de)	**guerra** (f)	['gwerra]
oorlog voeren (ww)	**essere in guerra**	['essere in 'gwerra]

burgeroorlog (de)	**guerra** (f) **civile**	['gwerra ʧi'vile]
achterbaks (bw)	**perfidamente**	[perfida'mente]
oorlogsverklaring (de)	**dichiarazione** (f) **di guerra**	[dikjara'tsjone di 'gwerra]
verklaren (de oorlog ~)	**dichiarare** (vt)	[dikja'rare]
agressie (de)	**aggressione** (f)	[aggres'sjone]
aanvallen (binnenvallen)	**attaccare** (vt)	[attak'kare]
binnenvallen (ww)	**invadere** (vt)	[in'vadere]
invaller (de)	**invasore** (m)	[inva'zore]
veroveraar (de)	**conquistatore** (m)	[konkwista'tore]
verdediging (de)	**difesa** (f)	[di'feza]
verdedigen (je land ~)	**difendere** (vt)	[di'fendere]
zich verdedigen (ww)	**difendersi** (vr)	[di'fendersi]
vijand (de)	**nemico** (m)	[ne'miko]
tegenstander (de)	**avversario** (m)	[avver'sario]
vijandelijk (bn)	**ostile**	[o'stile]
strategie (de)	**strategia** (f)	[strate'dʒia]
tactiek (de)	**tattica** (f)	['tattika]
order (de)	**ordine** (m)	['ordine]
bevel (het)	**comando** (m)	[ko'mando]
bevelen (ww)	**ordinare** (vt)	[ordi'nare]
opdracht (de)	**missione** (f)	[mis'sjone]
geheim (bn)	**segreto**	[se'greto]
veldslag (de)	**battaglia** (f)	[bat'taʎʎa]
strijd (de)	**combattimento** (m)	[kombatti'mento]
aanval (de)	**attacco** (m)	[at'takko]
bestorming (de)	**assalto** (m)	[as'salto]
bestormen (ww)	**assalire** (vt)	[assa'lire]
bezetting (de)	**assedio** (m)	[as'sedio]
aanval (de)	**offensiva** (f)	[offen'siva]
in het offensief te gaan	**passare all'offensiva**	[pas'sare all ofen'siva]
terugtrekking (de)	**ritirata** (f)	[riti'rata]
zich terugtrekken (ww)	**ritirarsi** (vr)	[riti'rarsi]
omsingeling (de)	**accerchiamento** (m)	[atʃerkja'mento]
omsingelen (ww)	**accerchiare** (vt)	[atʃer'kjare]
bombardement (het)	**bombardamento** (m)	[bombarda'mento]
een bom gooien	**lanciare una bomba**	[lan'ʧare 'una 'bomba]
bombarderen (ww)	**bombardare** (vt)	[bomar'dare]
ontploffing (de)	**esplosione** (f)	[esplo'zjone]
schot (het)	**sparo** (m)	['sparo]
een schot lossen	**sparare un colpo**	[spa'rare un 'kolpo]
schieten (het)	**sparatoria** (f)	[spara'toria]
mikken op (ww)	**puntare su ...**	[pun'tare su]
aanleggen (een wapen ~)	**puntare** (vt)	[pun'tare]

treffen (doelwit ~)	colpire (vt)	[kol'pire]
zinken (tot zinken brengen)	affondare (vt)	[affon'dare]
kogelgat (het)	falla (f)	['falla]
zinken (gezonken zijn)	affondare (vi)	[affon'dare]

front (het)	fronte (m)	['fronte]
evacuatie (de)	evacuazione (f)	[evakua'tsjone]
evacueren (ww)	evacuare (vt)	[evaku'are]

loopgraaf (de)	trincea (f)	[trin'tʃea]
prikkeldraad (de)	filo (m) spinato	['filo spi'nato]
verdedigingsobstakel (het)	sbarramento (m)	[zbarra'mento]
wachttoren (de)	torretta (f) di osservazione	[tor'retta di oserva'tsjone]

hospitaal (het)	ospedale (m) militare	[ospe'dale mili'tare]
verwonden (ww)	ferire (vt)	[fe'rire]
wond (de)	ferita (f)	[fe'rita]
gewonde (de)	ferito (m)	[fe'rito]
gewond raken (ww)	rimanere ferito	[rima'nere fe'rito]
ernstig (~e wond)	grave	['grave]

156. Wapens

wapens (mv.)	armi (f pl)	['armi]
vuurwapens (mv.)	arma (f) da fuoco	['arma da fu'oko]
koude wapens (mv.)	arma (f) bianca	['arma 'bjanka]

chemische wapens (mv.)	armi (f pl) chimiche	['armi 'kimike]
kern-, nucleair (bn)	nucleare	[nukle'are]
kernwapens (mv.)	armi (f pl) nucleari	['armi nukle'ari]

bom (de)	bomba (f)	['bomba]
atoombom (de)	bomba (f) atomica	['bomba a'tomika]

pistool (het)	pistola (f)	[pi'stola]
geweer (het)	fucile (m)	[fu'tʃile]
machinepistool (het)	mitra (m)	['mitra]
machinegeweer (het)	mitragliatrice (f)	[mitraʎʎa'tritʃe]

loop (schietbuis)	bocca (f)	['bokka]
loop (bijv. geweer met kortere ~)	canna (f)	['kanna]
kaliber (het)	calibro (m)	['kalibro]

trekker (de)	grilletto (m)	[gril'letto]
korrel (de)	mirino (m)	[mi'rino]
magazijn (het)	caricatore (m)	[karika'tore]
geweerkolf (de)	calcio (m)	['kaltʃo]

granaat (handgranaat)	bomba (f) a mano	['bomba a 'mano]
explosieven (mv.)	esplosivo (m)	[esplo'zivo]

kogel (de)	pallottola (f)	[pal'lottola]
patroon (de)	cartuccia (f)	[kar'tutʃa]

lading (de)	carica (f)	['karika]
ammunitie (de)	munizioni (f pl)	[muni'tsjoni]

bommenwerper (de)	bombardiere (m)	[bombar'djere]
straaljager (de)	aereo (m) da caccia	[a'ereo da 'katʃa]
helikopter (de)	elicottero (m)	[eli'kottero]

afweergeschut (het)	cannone (m) antiaereo	[kan'none anti·a'ereo]
tank (de)	carro (m) armato	['karro ar'mato]
kanon (tank met een ~ van 76 mm)	cannone (m)	[kan'none]

artillerie (de)	artiglieria (f)	[artiʎʎe'ria]
kanon (het)	cannone (m)	[kan'none]
aanleggen (een wapen ~)	mirare a ...	[mi'rare a]

projectiel (het)	proiettile (m)	[pro'jettile]
mortiergranaat (de)	granata (f) da mortaio	[gra'nata da mor'tajo]
mortier (de)	mortaio (m)	[mor'tajo]
granaatscherf (de)	scheggia (f)	['skedʒa]

duikboot (de)	sottomarino (m)	[sottoma'rino]
torpedo (de)	siluro (m)	[si'luro]
raket (de)	missile (m)	['missile]

laden (geweer, kanon)	caricare (vt)	[kari'kare]
schieten (ww)	sparare (vi)	[spa'rare]
richten op (mikken)	puntare su ...	[pun'tare su]
bajonet (de)	baionetta (f)	[bajo'netta]

degen (de)	spada (f)	['spada]
sabel (de)	sciabola (f)	['ʃabola]
speer (de)	lancia (f)	['lantʃa]
boog (de)	arco (m)	['arko]
pijl (de)	freccia (f)	['fretʃa]
musket (de)	moschetto (m)	[mos'ketto]
kruisboog (de)	balestra (f)	[ba'lestra]

157. Oude mensen

primitief (bn)	primitivo	[primi'tivo]
voorhistorisch (bn)	preistorico	[preis'toriko]
eeuwenoude (~ beschaving)	antico	[an'tiko]

Steentijd (de)	Età (f) della pietra	[e'ta 'della 'pjetra]
Bronstijd (de)	Età (f) del bronzo	[e'ta del 'brondzo]
IJstijd (de)	epoca (f) glaciale	['epoka gla'tʃale]

stam (de)	tribù (f)	[tri'bu]
menseneter (de)	cannibale (m)	[kan'nibale]
jager (de)	cacciatore (m)	[katʃa'tore]
jagen (ww)	cacciare (vt)	[ka'tʃare]
mammoet (de)	mammut (m)	[mam'mut]
grot (de)	caverna (f), grotta (f)	[ka'verna], ['grotta]

vuur (het)	fuoco (m)	[fu'oko]
kampvuur (het)	falò (m)	[fa'lo]
rotstekening (de)	pittura (f) rupestre	[pit'tura ru'pestre]

werkinstrument (het)	strumento (m) di lavoro	[stru'mento di la'voro]
speer (de)	lancia (f)	['lantʃa]
stenen bijl (de)	ascia (f) di pietra	['aʃa di 'pjetra]
oorlog voeren (ww)	essere in guerra	['essere in 'gwerra]
temmen (bijv. wolf ~)	addomesticare (vt)	[addomesti'kare]

idool (het)	idolo (m)	['idolo]
aanbidden (ww)	idolatrare (vt)	[idola'trare]
bijgeloof (het)	superstizione (f)	[supersti'tsjone]
ritueel (het)	rito (m)	['rito]

evolutie (de)	evoluzione (f)	[evolu'tsjone]
ontwikkeling (de)	sviluppo (m)	[zvi'luppo]
verdwijning (de)	estinzione (f)	[estin'tsjone]
zich aanpassen (ww)	adattarsi (vr)	[adat'tarsi]

archeologie (de)	archeologia (f)	[arkeolo'dʒia]
archeoloog (de)	archeologo (m)	[arke'ologo]
archeologisch (bn)	archeologico	[arkeo'lodʒiko]

opgravingsplaats (de)	sito (m) archeologico	['sito arkeo'lodʒiko]
opgravingen (mv.)	scavi (m pl)	['skavi]
vondst (de)	reperto (m)	[re'perto]
fragment (het)	frammento (m)	[fram'mento]

158. Middeleeuwen

volk (het)	popolo (m)	['popolo]
volkeren (mv.)	popoli (m pl)	['popoli]
stam (de)	tribù (f)	[tri'bu]
stammen (mv.)	tribù (f pl)	[tri'bu]

barbaren (mv.)	barbari (m pl)	['barbari]
Galliërs (mv.)	galli (m pl)	['galli]
Goten (mv.)	goti (m pl)	['goti]
Slaven (mv.)	slavi (m pl)	['zlavi]
Vikings (mv.)	vichinghi (m pl)	[vi'kingi]

| Romeinen (mv.) | romani (m pl) | [ro'mani] |
| Romeins (bn) | romano | [ro'mano] |

Byzantijnen (mv.)	bizantini (m pl)	[bidzan'tini]
Byzantium (het)	Bisanzio (m)	[bi'zansio]
Byzantijns (bn)	bizantino	[bidzan'tino]

keizer (bijv. Romeinse ~)	imperatore (m)	[impera'tore]
opperhoofd (het)	capo (m)	['kapo]
machtig (bn)	potente	[po'tente]
koning (de)	re (m)	[re]
heerser (de)	governante (m)	[gover'nante]

ridder (de)	cavaliere (m)	[kava'ljere]
feodaal (de)	feudatario (m)	[feuda'tario]
feodaal (bn)	feudale	[feu'dale]
vazal (de)	vassallo (m)	[vas'sallo]
hertog (de)	duca (m)	['duka]
graaf (de)	conte (m)	['konte]
baron (de)	barone (m)	[ba'rone]
bisschop (de)	vescovo (m)	['veskovo]
harnas (het)	armatura (f)	[arma'tura]
schild (het)	scudo (m)	['skudo]
zwaard (het)	spada (f)	['spada]
vizier (het)	visiera (f)	[vi'zjera]
maliënkolder (de)	cotta (f) di maglia	['kotta di 'maʎʎa]
kruistocht (de)	crociata (f)	[kro'ʧata]
kruisvaarder (de)	crociato (m)	[kro'ʧato]
gebied (bijv. bezette ~en)	territorio (m)	[terri'torio]
aanvallen (binnenvallen)	attaccare (vt)	[attak'kare]
veroveren (ww)	conquistare (vt)	[konkwi'stare]
innemen (binnenvallen)	occupare (vt)	[okku'pare]
bezetting (de)	assedio (m)	[as'sedio]
belegerd (bn)	assediato	[asse'djato]
belegeren (ww)	assediare (vt)	[asse'djare]
inquisitie (de)	inquisizione (f)	[inkwizi'tsjone]
inquisiteur (de)	inquisitore (m)	[inkwizi'tore]
foltering (de)	tortura (f)	[tor'tura]
wreed (bn)	crudele	[kru'dele]
ketter (de)	eretico (m)	[e'retiko]
ketterij (de)	eresia (f)	[ere'zia]
zeevaart (de)	navigazione (f)	[naviga'tsjone]
piraat (de)	pirata (m)	[pi'rata]
piraterij (de)	pirateria (f)	[pirate'ria]
enteren (het)	arrembaggio (m)	[arrem'badʒo]
buit (de)	bottino (m)	[bot'tino]
schatten (mv.)	tesori (m)	[te'zori]
ontdekking (de)	scoperta (f)	[sko'perta]
ontdekken (bijv. nieuw land)	scoprire (vt)	[sko'prire]
expeditie (de)	spedizione (f)	[spedi'tsjone]
musketier (de)	moschettiere (m)	[mosket'tjere]
kardinaal (de)	cardinale (m)	[kardi'nale]
heraldiek (de)	araldica (f)	[a'raldika]
heraldisch (bn)	araldico	[a'raldiko]

159. Leider. Baas. Autoriteiten

koning (de)	re (m)	[re]
koningin (de)	regina (f)	[re'dʒina]

| koninklijk (bn) | reale | [re'ale] |
| koninkrijk (het) | regno (m) | ['reɲo] |

| prins (de) | principe (m) | ['printʃipe] |
| prinses (de) | principessa (f) | [printʃi'pessa] |

president (de)	presidente (m)	[prezi'dente]
vicepresident (de)	vicepresidente (m)	[vitʃe·prezi'dente]
senator (de)	senatore (m)	[sena'tore]

monarch (de)	monarca (m)	[mo'narka]
heerser (de)	governante (m)	[gover'nante]
dictator (de)	dittatore (m)	[ditta'tore]
tiran (de)	tiranno (m)	[ti'ranno]
magnaat (de)	magnate (m)	[ma'ɲate]

directeur (de)	direttore (m)	[diret'tore]
chef (de)	capo (m)	['kapo]
beheerder (de)	dirigente (m)	[diri'dʒente]
baas (de)	capo (m)	['kapo]
eigenaar (de)	proprietario (m)	[proprie'tario]

hoofd (bijv. ~ van de delegatie)	capo (m)	['kapo]
autoriteiten (mv.)	autorità (f pl)	[autori'ta]
superieuren (mv.)	superiori (m pl)	[supe'rjori]

gouverneur (de)	governatore (m)	[governa'tore]
consul (de)	console (m)	['konsole]
diplomaat (de)	diplomatico (m)	[diplo'matiko]
burgemeester (de)	sindaco (m)	['sindako]
sheriff (de)	sceriffo (m)	[ʃe'riffo]

keizer (bijv. Romeinse ~)	imperatore (m)	[impera'tore]
tsaar (de)	zar (m)	[tsar]
farao (de)	faraone (m)	[fara'one]
kan (de)	khan (m)	['kan]

160. De wet overtreden. Criminelen. Deel 1

bandiet (de)	bandito (m)	[ban'dito]
misdaad (de)	delitto (m)	[de'litto]
misdadiger (de)	criminale (m)	[krimi'nale]

dief (de)	ladro (m)	['ladro]
stelen (ww)	rubare (vi, vt)	[ru'bare]
stelen (de)	ruberia (f)	[rube'ria]
diefstal (de)	furto (m)	['furto]

kidnappen (ww)	rapire (vt)	[ra'pire]
kidnapping (de)	rapimento (m)	[rapi'mento]
kidnapper (de)	rapitore (m)	[rapi'tore]
losgeld (het)	riscatto (m)	[ris'katto]
eisen losgeld (ww)	chiedere il riscatto	['kjedere il ris'katto]

overvallen (ww)	**rapinare** (vt)	[rapi'nare]
overvaller (de)	**rapinatore** (m)	[rapina'tore]
afpersen (ww)	**estorcere** (vt)	[es'tortʃere]
afperser (de)	**estorsore** (m)	[estor'sore]
afpersing (de)	**estorsione** (f)	[estor'sjone]
vermoorden (ww)	**uccidere** (vt)	[u'tʃidere]
moord (de)	**assassinio** (m)	[assas'sinio]
moordenaar (de)	**assassino** (m)	[assas'sino]
schot (het)	**sparo** (m)	['sparo]
een schot lossen	**tirare un colpo**	[ti'rare un 'kolpo]
neerschieten (ww)	**abbattere** (vt)	[ab'battere]
schieten (ww)	**sparare** (vi)	[spa'rare]
schieten (het)	**sparatoria** (f)	[spara'toria]
ongeluk (gevecht, enz.)	**incidente** (m)	[intʃi'dente]
gevecht (het)	**rissa** (f)	['rissa]
Help!	**Aiuto!**	[a'juto]
slachtoffer (het)	**vittima** (f)	['vittima]
beschadigen (ww)	**danneggiare** (vt)	[danne'dʒare]
schade (de)	**danno** (m)	['danno]
lijk (het)	**cadavere** (m)	[ka'davere]
zwaar (~ misdrijf)	**grave**	['grave]
aanvallen (ww)	**aggredire** (vt)	[aggre'dire]
slaan (iemand ~)	**picchiare** (vt)	[pik'kjare]
in elkaar slaan (toetakelen)	**picchiare** (vt)	[pik'kjare]
ontnemen (beroven)	**sottrarre** (vt)	[sot'trarre]
steken (met een mes)	**accoltellare a morte**	[akkolte'lare a 'morte]
verminken (ww)	**mutilare** (vt)	[muti'lare]
verwonden (ww)	**ferire** (vt)	[fe'rire]
chantage (de)	**ricatto** (m)	[ri'katto]
chanteren (ww)	**ricattare** (vt)	[rikat'tare]
chanteur (de)	**ricattatore** (m)	[rikatta'tore]
afpersing (de)	**estorsione** (f)	[estor'sjone]
afperser (de)	**estorsore** (m)	[estor'sore]
gangster (de)	**gangster** (m)	['gangster]
maffia (de)	**mafia** (f)	['mafia]
kruimeldief (de)	**borseggiatore** (m)	[borsedʒa'tore]
inbreker (de)	**scassinatore** (m)	[skassina'tore]
smokkelen (het)	**contrabbando** (m)	[kontrab'bando]
smokkelaar (de)	**contrabbandiere** (m)	[kontrabban'djere]
namaak (de)	**falsificazione** (f)	[falsifika'tsjone]
namaken (ww)	**falsificare** (vt)	[falsifi'kare]
namaak-, vals (bn)	**falso, falsificato**	['falso], [falsifi'kato]

161. De wet overtreden. Criminelen. Deel 2

verkrachting (de)	**stupro** (m)	['stupro]
verkrachten (ww)	**stuprare** (vt)	[stu'prare]
verkrachter (de)	**stupratore** (m)	[stupra'tore]
maniak (de)	**maniaco** (m)	[ma'njako]
prostituee (de)	**prostituta** (f)	[prosti'tuta]
prostitutie (de)	**prostituzione** (f)	[prostitu'tsjone]
pooier (de)	**magnaccia** (m)	[ma'naʧa]
drugsverslaafde (de)	**drogato** (m)	[dro'gato]
drugshandelaar (de)	**trafficante** (m) **di droga**	[traffi'kante di 'droga]
opblazen (ww)	**far esplodere**	[far e'splodere]
explosie (de)	**esplosione** (f)	[esplo'zjone]
in brand steken (ww)	**incendiare** (vt)	[inʧen'djare]
brandstichter (de)	**incendiario** (m)	[inʧen'djario]
terrorisme (het)	**terrorismo** (m)	[terro'rizmo]
terrorist (de)	**terrorista** (m)	[terro'rista]
gijzelaar (de)	**ostaggio** (m)	[os'tadʒo]
bedriegen (ww)	**imbrogliare** (vt)	[imbroʎ'ʎare]
bedrog (het)	**imbroglio** (m)	[im'broʎʎo]
oplichter (de)	**imbroglione** (m)	[imbroʎ'ʎone]
omkopen (ww)	**corrompere** (vt)	[kor'rompere]
omkoperij (de)	**corruzione** (f)	[korru'tsjone]
smeergeld (het)	**bustarella** (f)	[busta'rella]
vergif (het)	**veleno** (m)	[ve'leno]
vergiftigen (ww)	**avvelenare** (vt)	[avvele'nare]
vergif innemen (ww)	**avvelenarsi** (vr)	[avvele'narsi]
zelfmoord (de)	**suicidio** (m)	[sui'ʧidio]
zelfmoordenaar (de)	**suicida** (m)	[sui'ʧida]
bedreigen (bijv. met een pistool)	**minacciare** (vt)	[mina'ʧare]
bedreiging (de)	**minaccia** (f)	[mi'naʧa]
een aanslag plegen	**attentare** (vi)	[atten'tare]
aanslag (de)	**attentato** (m)	[atten'tato]
stelen (een auto)	**rubare** (vt)	[ru'bare]
kapen (een vliegtuig)	**dirottare** (vt)	[dirot'tare]
wraak (de)	**vendetta** (f)	[ven'detta]
wreken (ww)	**vendicare** (vt)	[vendi'kare]
martelen (gevangenen)	**torturare** (vt)	[tortu'rare]
foltering (de)	**tortura** (f)	[tor'tura]
folteren (ww)	**maltrattare** (vt)	[maltrat'tare]
piraat (de)	**pirata** (m)	[pi'rata]
straatschender (de)	**teppista** (m)	[tep'pista]

gewapend (bn)	armato	[ar'mato]
geweld (het)	violenza (f)	[vio'lentsa]
onwettig (strafbaar)	illegale	[ille'gale]

| spionage (de) | spionaggio (m) | [spio'nadʒo] |
| spioneren (ww) | spiare (vi) | [spi'are] |

162. Politie. Wet. Deel 1

| justitie (de) | giustizia (f) | [dʒu'stitsia] |
| gerechtshof (het) | tribunale (m) | [tribu'nale] |

rechter (de)	giudice (m)	['dʒuditʃe]
jury (de)	giurati (m)	[dʒu'rati]
juryrechtspraak (de)	processo (m) con giuria	[pro'tʃesso kon dʒu'ria]
berechten (ww)	giudicare (vt)	[dʒudi'kare]

advocaat (de)	avvocato (m)	[avvo'kato]
beklaagde (de)	imputato (m)	[impu'tato]
beklaagdenbank (de)	banco (m) degli imputati	['banko 'deʎʎi impu'tati]

| beschuldiging (de) | accusa (f) | [ak'kuza] |
| beschuldigde (de) | accusato (m) | [akku'zato] |

| vonnis (het) | condanna (f) | [kon'danna] |
| veroordelen (in een rechtszaak) | condannare (vt) | [kondan'nare] |

schuldige (de)	colpevole (m)	[kol'pevole]
straffen (ww)	punire (vt)	[pu'nire]
bestraffing (de)	punizione (f)	[puni'tsjone]

boete (de)	multa (f), ammenda (f)	['multa], [am'menda]
levenslange opsluiting (de)	ergastolo (m)	[er'gastolo]
doodstraf (de)	pena (f) di morte	['pena di 'morte]
elektrische stoel (de)	sedia (f) elettrica	['sedia e'lettrika]
schavot (het)	impiccagione (f)	[impikka'dʒone]

| executeren (ww) | giustiziare (vt) | [dʒusti'tsjare] |
| executie (de) | esecuzione (f) | [ezeku'tsjone] |

| gevangenis (de) | prigione (f) | [pri'dʒone] |
| cel (de) | cella (f) | ['tʃella] |

konvooi (het)	scorta (f)	['skorta]
gevangenisbewaker (de)	guardia (f) carceraria	['gwardia kartʃe'raria]
gedetineerde (de)	prigioniero (m)	[pridʒo'njero]

| handboeien (mv.) | manette (f pl) | [ma'nette] |
| handboeien omdoen | mettere le manette | ['mettere le ma'nette] |

ontsnapping (de)	fuga (f)	['fuga]
ontsnappen (ww)	fuggire (vi)	[fu'dʒire]
verdwijnen (ww)	scomparire (vi)	[skompa'rire]

| vrijlaten (uit de gevangenis) | liberare (vt) | [libe'rare] |
| amnestie (de) | amnistia (f) | [amni'stia] |

politie (de)	polizia (f)	[poli'tsia]
politieagent (de)	poliziotto (m)	[poli'tsjotto]
politiebureau (het)	commissariato (m)	[kommissa'rjato]
knuppel (de)	manganello (m)	[manga'nello]
megafoon (de)	altoparlante (m)	[altopar'lante]

patrouilleerwagen (de)	macchina (f) di pattuglia	['makkina di pat'tuʎʎa]
sirene (de)	sirena (f)	[si'rena]
de sirene aansteken	mettere la sirena	['mettere la si'rena]
geloei (het) van de sirene	suono (m) della sirena	[su'ono 'della si'rena]

plaats delict (de)	luogo (m) del crimine	[lu'ogo del 'krimine]
getuige (de)	testimone (m)	[testi'mone]
vrijheid (de)	libertà (f)	[liber'ta]
handlanger (de)	complice (m)	['komplitʃe]
ontvluchten (ww)	fuggire (vi)	[fu'dʒire]
spoor (het)	traccia (f)	['tratʃa]

163. Politie. Wet. Deel 2

opsporing (de)	ricerca (f)	[ri'tʃerka]
opsporen (ww)	cercare (vt)	[tʃer'kare]
verdenking (de)	sospetto (m)	[so'spetto]
verdacht (bn)	sospetto	[so'spetto]
aanhouden (stoppen)	fermare (vt)	[fer'mare]
tegenhouden (ww)	arrestare	[arre'stare]

strafzaak (de)	causa (f)	['kauza]
onderzoek (het)	inchiesta (f)	[in'kjesta]
detective (de)	detective (m)	[de'tektiv]
onderzoeksrechter (de)	investigatore (m)	[investiga'tore]
versie (de)	versione (f)	[ver'sjone]

motief (het)	movente (m)	[mo'vente]
verhoor (het)	interrogatorio (m)	[interroga'torio]
ondervragen (door de politie)	interrogare (vt)	[interro'gare]
ondervragen (omstanders ~)	interrogare (vt)	[interro'gare]
controle (de)	controllo (m)	[kon'trollo]

razzia (de)	retata (f)	[re'tata]
huiszoeking (de)	perquisizione (f)	[perkwizi'tsjone]
achtervolging (de)	inseguimento (m)	[insegwi'mento]
achtervolgen (ww)	inseguire (vt)	[inse'gwire]
opsporen (ww)	essere sulle tracce	['essere sulle 'tratʃe]

arrest (het)	arresto (m)	[ar'resto]
arresteren (ww)	arrestare	[arre'stare]
vangen, aanhouden (een dief, enz.)	catturare (vt)	[kattu'rare]

| aanhouding (de) | cattura (f) | [kat'tura] |
| document (het) | documento (m) | [doku'mento] |

bewijs (het)	**prova** (f)	['prova]
bewijzen (ww)	**provare** (vt)	[pro'vare]
voetspoor (het)	**impronta** (f) **del piede**	[im'pronta del 'pjede]
vingerafdrukken (mv.)	**impronte** (f pl) **digitali**	[im'pronte diʤi'tali]
bewijs (het)	**elemento** (m) **di prova**	[ele'mento di 'prova]
alibi (het)	**alibi** (m)	['alibi]
onschuldig (bn)	**innocente**	[inno'ʧente]
onrecht (het)	**ingiustizia** (f)	[inʤu'stitsia]
onrechtvaardig (bn)	**ingiusto**	[in'ʤusto]
crimineel (bn)	**criminale**	[krimi'nale]
confisqueren (in beslag nemen)	**confiscare** (vt)	[konfis'kare]
drug (de)	**droga** (f)	['droga]
wapen (het)	**armi** (f pl)	['armi]
ontwapenen (ww)	**disarmare** (vt)	[dizar'mare]
bevelen (ww)	**ordinare** (vt)	[ordi'nare]
verdwijnen (ww)	**sparire** (vi)	[spa'rire]
wet (de)	**legge** (f)	['ledʒe]
wettelijk (bn)	**legale**	[le'gale]
onwettelijk (bn)	**illegale**	[ille'gale]
verantwoordelijkheid (de)	**responsabilità** (f)	[responsabili'ta]
verantwoordelijk (bn)	**responsabile**	[respon'sabile]

NATUUR

De Aarde. Deel 1

164. De kosmische ruimte

kosmos (de)	cosmo (m)	['kozmo]
kosmisch (bn)	cosmico, spaziale	['kozmiko], [spa'tsjale]
kosmische ruimte (de)	spazio (m) cosmico	['spatsio 'kozmiko]
wereld (de)	mondo (m)	['mondo]
heelal (het)	universo (m)	[uni'verso]
sterrenstelsel (het)	galassia (f)	[ga'lassia]
ster (de)	stella (f)	['stella]
sterrenbeeld (het)	costellazione (f)	[kostella'tsjone]
planeet (de)	pianeta (m)	[pja'neta]
satelliet (de)	satellite (m)	[sa'tellite]
meteoriet (de)	meteorite (m)	[meteo'rite]
komeet (de)	cometa (f)	[ko'meta]
asteroïde (de)	asteroide (m)	[aste'roide]
baan (de)	orbita (f)	['orbita]
draaien (om de zon, enz.)	ruotare (vi)	[ruo'tare]
atmosfeer (de)	atmosfera (f)	[atmo'sfera]
Zon (de)	il Sole	[il 'sole]
zonnestelsel (het)	sistema (m) solare	[si'stema so'lare]
zonsverduistering (de)	eclisse (f) solare	[e'klisse so'lare]
Aarde (de)	la Terra	[la 'terra]
Maan (de)	la Luna	[la 'luna]
Mars (de)	Marte (m)	['marte]
Venus (de)	Venere (f)	['venere]
Jupiter (de)	Giove (m)	['dʒove]
Saturnus (de)	Saturno (m)	[sa'turno]
Mercurius (de)	Mercurio (m)	[mer'kurio]
Uranus (de)	Urano (m)	[u'rano]
Neptunus (de)	Nettuno (m)	[net'tuno]
Pluto (de)	Plutone (m)	[plu'tone]
Melkweg (de)	Via (f) Lattea	['via 'lattea]
Grote Beer (de)	Orsa (f) Maggiore	['orsa ma'dʒore]
Poolster (de)	Stella (f) Polare	['stella po'lare]
marsmannetje (het)	marziano (m)	[mar'tsjano]
buitenaards wezen (het)	extraterrestre (m)	[ekstrater'restre]

bovenaards (het)	alieno (m)	[a'ljeno]
vliegende schotel (de)	disco (m) volante	['disko vo'lante]

ruimtevaartuig (het)	nave (f) spaziale	['nave spa'tsjale]
ruimtestation (het)	stazione (f) spaziale	[sta'tsjone spa'tsjale]
start (de)	lancio (m)	['lantʃo]

motor (de)	motore (m)	[mo'tore]
straalpijp (de)	ugello (m)	[u'dʒello]
brandstof (de)	combustibile (m)	[kombu'stibile]

cabine (de)	cabina (f) di pilotaggio	[ka'bina di pilo'tadʒio]
antenne (de)	antenna (f)	[an'tenna]
patrijspoort (de)	oblò (m)	[ob'lo]
zonnebatterij (de)	batteria (f) solare	[batte'ria so'lare]
ruimtepak (het)	scafandro (m)	[ska'fandro]

gewichtloosheid (de)	imponderabilità (f)	[imponderabili'ta]
zuurstof (de)	ossigeno (m)	[os'sidʒeno]

koppeling (de)	aggancio (m)	[ag'gantʃo]
koppeling maken	agganciarsi (vr)	[aggan'tʃarsi]

observatorium (het)	osservatorio (m)	[osserva'torio]
telescoop (de)	telescopio (m)	[tele'skopio]
waarnemen (ww)	osservare (vt)	[osser'vare]
exploreren (ww)	esplorare (vt)	[esplo'rare]

165. De Aarde

Aarde (de)	la Terra	[la 'terra]
aardbol (de)	globo (m) terrestre	['globo ter'restre]
planeet (de)	pianeta (m)	[pja'neta]

atmosfeer (de)	atmosfera (f)	[atmo'sfera]
aardrijkskunde (de)	geografia (f)	[dʒeogra'fia]
natuur (de)	natura (f)	[na'tura]

wereldbol (de)	mappamondo (m)	[mappa'mondo]
kaart (de)	carta (f) geografica	['karta dʒeo'grafika]
atlas (de)	atlante (m)	[a'tlante]

Europa (het)	Europa (f)	[eu'ropa]
Azië (het)	Asia (f)	['azia]

Afrika (het)	Africa (f)	['afrika]
Australië (het)	Australia (f)	[au'stralia]

Amerika (het)	America (f)	[a'merika]
Noord-Amerika (het)	America (f) del Nord	[a'merika del nord]
Zuid-Amerika (het)	America (f) del Sud	[a'merika del sud]

Antarctica (het)	Antartide (f)	[an'tartide]
Arctis (de)	Artico (m)	['artiko]

166. Windrichtingen

noorden (het)	**nord** (m)	[nord]
naar het noorden	**a nord**	[a nord]
in het noorden	**al nord**	[al nord]
noordelijk (bn)	**del nord**	[del nord]
zuiden (het)	**sud** (m)	[sud]
naar het zuiden	**a sud**	[a sud]
in het zuiden	**al sud**	[al sud]
zuidelijk (bn)	**del sud**	[del sud]
westen (het)	**ovest** (m)	['ovest]
naar het westen	**a ovest**	[a 'ovest]
in het westen	**all'ovest**	[all 'ovest]
westelijk (bn)	**dell'ovest, occidentale**	[dell 'ovest], [otʃiden'tale]
oosten (het)	**est** (m)	[est]
naar het oosten	**a est**	[a est]
in het oosten	**all'est**	[all 'est]
oostelijk (bn)	**dell'est, orientale**	[dell 'est], [orien'tale]

167. Zee. Oceaan

zee (de)	**mare** (m)	['mare]
oceaan (de)	**oceano** (m)	[o'tʃeano]
golf (baai)	**golfo** (m)	['golfo]
straat (de)	**stretto** (m)	['stretto]
grond (vaste grond)	**terra** (f)	['terra]
continent (het)	**continente** (m)	[konti'nente]
eiland (het)	**isola** (f)	['izola]
schiereiland (het)	**penisola** (f)	[pe'nizola]
archipel (de)	**arcipelago** (m)	[artʃi'pelago]
baai, bocht (de)	**baia** (f)	['baja]
haven (de)	**porto** (m)	['porto]
lagune (de)	**laguna** (f)	[la'guna]
kaap (de)	**capo** (m)	['kapo]
atol (de)	**atollo** (m)	[a'tollo]
rif (het)	**scogliera** (f)	[skoʎ'ʎera]
koraal (het)	**corallo** (m)	[ko'rallo]
koraalrif (het)	**barriera** (f) **corallina**	[bar'rjera koral'lina]
diep (bn)	**profondo**	[pro'fondo]
diepte (de)	**profondità** (f)	[profondi'ta]
diepzee (de)	**abisso** (m)	[a'bisso]
trog (bijv. Marianentrog)	**fossa** (f)	['fossa]
stroming (de)	**corrente** (f)	[kor'rente]
omspoelen (ww)	**circondare** (vt)	[tʃirkon'dare]
oever (de)	**litorale** (m)	[lito'rale]

kust (de)	costa (f)	['kosta]
vloed (de)	alta marea (f)	['alta ma'rea]
eb (de)	bassa marea (f)	['bassa ma'rea]
ondiepte (ondiep water)	banco (m) di sabbia	['banko di 'sabbia]
bodem (de)	fondo (m)	['fondo]
golf (hoge ~)	onda (f)	['onda]
golfkam (de)	cresta (f) dell'onda	['kresta dell 'onda]
schuim (het)	schiuma (f)	['skjuma]
orkaan (de)	uragano (m)	[ura'gano]
tsunami (de)	tsunami (m)	[tsu'nami]
windstilte (de)	bonaccia (f)	[bo'natʃa]
kalm (bijv. ~e zee)	tranquillo	[tran'kwillo]
pool (de)	polo (m)	['polo]
polair (bn)	polare	[po'lare]
breedtegraad (de)	latitudine (f)	[lati'tudine]
lengtegraad (de)	longitudine (f)	[londʒi'tudine]
parallel (de)	parallelo (m)	[paral'lelo]
evenaar (de)	equatore (m)	[ekwa'tore]
hemel (de)	cielo (m)	['tʃelo]
horizon (de)	orizzonte (m)	[orid'dzonte]
lucht (de)	aria (f)	['aria]
vuurtoren (de)	faro (m)	['faro]
duiken (ww)	tuffarsi (vr)	[tuf'farsi]
zinken (ov. een boot)	affondare (vi)	[affon'dare]
schatten (mv.)	tesori (m)	[te'zori]

168. Bergen

berg (de)	monte (m), montagna (f)	['monte], [mon'taɲa]
bergketen (de)	catena (f) montuosa	[ka'tena montu'oza]
gebergte (het)	crinale (m)	[kri'nale]
bergtop (de)	cima (f)	['tʃima]
bergpiek (de)	picco (m)	['pikko]
voet (ov. de berg)	piedi (m pl)	['pjede]
helling (de)	pendio (m)	[pen'dio]
vulkaan (de)	vulcano (m)	[vul'kano]
actieve vulkaan (de)	vulcano (m) attivo	[vul'kano at'tivo]
uitgedoofde vulkaan (de)	vulcano (m) inattivo	[vul'kano inat'tivo]
uitbarsting (de)	eruzione (f)	[eru'tsjone]
krater (de)	cratere (m)	[kra'tere]
magma (het)	magma (m)	['magma]
lava (de)	lava (f)	['lava]
gloeiend (~e lava)	fuso	['fuzo]
kloof (canyon)	canyon (m)	['kenjon]
bergkloof (de)	gola (f)	['gola]

| spleet (de) | crepaccio (m) | [kre'patʃo] |
| afgrond (de) | precipizio (m) | [pretʃi'pitsio] |

bergpas (de)	passo (m), valico (m)	['passo], ['valiko]
plateau (het)	altopiano (m)	[alto'pjano]
klip (de)	falesia (f)	[fa'lezia]
heuvel (de)	collina (f)	[kol'lina]

gletsjer (de)	ghiacciaio (m)	[gja'tʃajo]
waterval (de)	cascata (f)	[kas'kata]
geiser (de)	geyser (m)	['gejzer]
meer (het)	lago (m)	['lago]

vlakte (de)	pianura (f)	[pja'nura]
landschap (het)	paesaggio (m)	[pae'zadʒo]
echo (de)	eco (f)	['eko]

alpinist (de)	alpinista (m)	[alpi'nista]
bergbeklimmer (de)	scalatore (m)	[skala'tore]
trotseren (berg ~)	conquistare (vt)	[konkwi'stare]
beklimming (de)	scalata (f)	[ska'lata]

169. Rivieren

rivier (de)	fiume (m)	['fjume]
bron (~ van een rivier)	fonte (f)	['fonte]
rivierbedding (de)	letto (m)	['letto]
rivierbekken (het)	bacino (m)	[ba'tʃino]
uitmonden in ...	sfociare nel ...	[sfo'tʃare nel]

| zijrivier (de) | affluente (m) | [afflu'ente] |
| oever (de) | riva (f) | ['riva] |

stroming (de)	corrente (f)	[kor'rente]
stroomafwaarts (bw)	a valle	[a 'valle]
stroomopwaarts (bw)	a monte	[a 'monte]

overstroming (de)	inondazione (f)	[inonda'tsjone]
overstroming (de)	piena (f)	['pjena]
buiten zijn oevers treden	straripare (vi)	[strari'pare]
overstromen (ww)	inondare (vt)	[inon'dare]

| zandbank (de) | secca (f) | ['sekka] |
| stroomversnelling (de) | rapida (f) | ['rapida] |

dam (de)	diga (f)	['diga]
kanaal (het)	canale (m)	[ka'nale]
spaarbekken (het)	bacino (m) di riserva	[ba'tʃino di ri'zerva]
sluis (de)	chiusa (f)	['kjuza]

waterlichaam (het)	bacino (m) idrico	[ba'tʃino 'idriko]
moeras (het)	palude (f)	[pa'lude]
broek (het)	pantano (m)	[pan'tano]
draaikolk (de)	vortice (m)	['vortitʃe]

stroom (de)	ruscello (m)	[ru'ʃello]
drink- (abn)	potabile	[po'tabile]
zoet (~ water)	dolce	['doltʃe]

| ijs (het) | ghiaccio (m) | ['gjatʃo] |
| bevriezen (rivier, enz.) | ghiacciarsi (vr) | [gja'tʃarsi] |

170. Bos

| bos (het) | foresta (f) | [fo'resta] |
| bos- (abn) | forestale | [fores'tale] |

oerwoud (dicht bos)	foresta (f) fitta	[fo'resta 'fitta]
bosje (klein bos)	boschetto (m)	[bos'ketto]
open plek (de)	radura (f)	[ra'dura]

| struikgewas (het) | roveto (m) | [ro'veto] |
| struiken (mv.) | boscaglia (f) | [bos'kaʎʎa] |

| paadje (het) | sentiero (m) | [sen'tjero] |
| ravijn (het) | calanco (m) | [ka'lanko] |

boom (de)	albero (m)	['albero]
blad (het)	foglia (f)	['foʎʎa]
gebladerte (het)	fogliame (m)	[foʎ'ʎame]

vallende bladeren (mv.)	caduta (f) delle foglie	[ka'duta 'delle 'foʎʎe]
vallen (ov. de bladeren)	cadere (vi)	[ka'dere]
boomtop (de)	cima (f)	['tʃima]

tak (de)	ramo (m), ramoscello (m)	['ramo], [ramo'ʃello]
ent (de)	ramo (m)	['ramo]
knop (de)	gemma (f)	['dʒemma]
naald (de)	ago (m)	['ago]
dennenappel (de)	pigna (f)	['piɲa]

boom holte (de)	cavità (f)	[kavi'ta]
nest (het)	nido (m)	['nido]
hol (het)	tana (f)	['tana]

stam (de)	tronco (m)	['tronko]
wortel (bijv. boom~s)	radice (f)	[ra'ditʃe]
schors (de)	corteccia (f)	[kor'tetʃa]
mos (het)	musco (m)	['musko]

ontwortelen (een boom)	sradicare (vt)	[zradi'kare]
kappen (een boom ~)	abbattere (vt)	[ab'battere]
ontbossen (ww)	disboscare (vt)	[dizbo'skare]
stronk (de)	ceppo (m)	['tʃeppo]

kampvuur (het)	falò (m)	[fa'lo]
bosbrand (de)	incendio (m) boschivo	[in'tʃendio bos'kivo]
blussen (ww)	spegnere (vt)	['speɲere]
boswachter (de)	guardia (f) forestale	['gwardia fores'tale]

bescherming (de)	protezione (f)	[prote'tsjone]
beschermen	proteggere (vt)	[pro'tedʒere]
(bijv. de natuur ~)		
stroper (de)	bracconiere (m)	[brakko'njere]
val (de)	tagliola (f)	[taʎ'ʎoʎa]

plukken (vruchten, enz.)	raccogliere (vt)	[rak'koʎʎere]
verdwalen (de weg kwijt zijn)	perdersi (vr)	['perdersi]

171. Natuurlijke hulpbronnen

natuurlijke rijkdommen (mv.)	risorse (f pl) naturali	[ri'sorse natu'rali]
delfstoffen (mv.)	minerali (m pl)	[mine'rali]
lagen (mv.)	deposito (m)	[de'pozito]
veld (bijv. olie~)	giacimento (m)	[dʒatʃi'mento]

winnen (uit erts ~)	estrarre (vt)	[e'strarre]
winning (de)	estrazione (f)	[estra'tsjone]
erts (het)	minerale (m) grezzo	[mine'rale 'greddzo]
mijn (bijv. kolenmijn)	miniera (f)	[mi'njera]
mijnschacht (de)	pozzo (m) di miniera	['pottso di mi'njera]
mijnwerker (de)	minatore (m)	[mina'tore]

gas (het)	gas (m)	[gas]
gasleiding (de)	gasdotto (m)	[gas'dotto]

olie (aardolie)	petrolio (m)	[pe'trolio]
olieleiding (de)	oleodotto (m)	[oleo'dotto]
oliebron (de)	torre (f) di estrazione	['torre di estra'tsjone]
boortoren (de)	torre (f) di trivellazione	['torre di trivella'tsjone]
tanker (de)	petroliera (f)	[petro'ljera]

zand (het)	sabbia (f)	['sabbia]
kalksteen (de)	calcare (m)	[kal'kare]
grind (het)	ghiaia (f)	['gjaja]
veen (het)	torba (f)	['torba]
klei (de)	argilla (f)	[ar'dʒilla]
steenkool (de)	carbone (m)	[kar'bone]

ijzer (het)	ferro (m)	['ferro]
goud (het)	oro (m)	['oro]
zilver (het)	argento (m)	[ar'dʒento]
nikkel (het)	nichel (m)	['nikel]
koper (het)	rame (m)	['rame]

zink (het)	zinco (m)	['dzinko]
mangaan (het)	manganese (m)	[manga'neze]
kwik (het)	mercurio (m)	[mer'kurio]
lood (het)	piombo (m)	['pjombo]

mineraal (het)	minerale (m)	[mine'rale]
kristal (het)	cristallo (m)	[kris'tallo]
marmer (het)	marmo (m)	['marmo]
uraan (het)	uranio (m)	[u'ranio]

De Aarde. Deel 2

172. Weer

weer (het)	tempo (m)	['tempo]
weersvoorspelling (de)	previsione (f) del tempo	[previ'zjone del 'tempo]
temperatuur (de)	temperatura (f)	[tempera'tura]
thermometer (de)	termometro (m)	[ter'mometro]
barometer (de)	barometro (m)	[ba'rometro]
vochtig (bn)	umido	['umido]
vochtigheid (de)	umidità (f)	[umidi'ta]
hitte (de)	caldo (m), afa (f)	['kaldo], ['afa]
heet (bn)	molto caldo	['molto 'kaldo]
het is heet	fa molto caldo	[fa 'molto 'kaldo]
het is warm	fa caldo	[fa 'kaldo]
warm (bn)	caldo	['kaldo]
het is koud	fa freddo	[fa 'freddo]
koud (bn)	freddo	['freddo]
zon (de)	sole (m)	['sole]
schijnen (de zon)	splendere (vi)	['splendere]
zonnig (~e dag)	di sole	[di 'sole]
opgaan (ov. de zon)	levarsi (vr)	[le'varsi]
ondergaan (ww)	tramontare (vi)	[tramon'tare]
wolk (de)	nuvola (f)	['nuvola]
bewolkt (bn)	nuvoloso	[nuvo'lozo]
regenwolk (de)	nube (f) di pioggia	['nube di 'pjodʒa]
somber (bn)	nuvoloso	[nuvo'lozo]
regen (de)	pioggia (f)	['pjodʒa]
het regent	piove	['pjove]
regenachtig (bn)	piovoso	[pjo'vozo]
motregenen (ww)	piovigginare (vi)	[pjovidʒi'nare]
plensbui (de)	pioggia (f) torrenziale	['pjodʒa torren'tsjale]
stortbui (de)	acquazzone (m)	[akwat'tsone]
hard (bn)	forte	['forte]
plas (de)	pozzanghera (f)	[pot'tsangera]
nat worden (ww)	bagnarsi (vr)	[ba'ɲarsi]
mist (de)	foschia (f), nebbia (f)	[fos'kia], ['nebbia]
mistig (bn)	nebbioso	[neb'bjozo]
sneeuw (de)	neve (f)	['neve]
het sneeuwt	nevica	['nevika]

173. Zwaar weer. Natuurrampen

noodweer (storm)	temporale (m)	[tempo'rale]
bliksem (de)	fulmine (f)	['fulmine]
flitsen (ww)	lampeggiare (vi)	[lampe'dʒare]
donder (de)	tuono (m)	[tu'ono]
donderen (ww)	tuonare (vi)	[tuo'nare]
het dondert	tuona	[tu'ona]
hagel (de)	grandine (f)	['grandine]
het hagelt	grandina	['grandina]
overstromen (ww)	inondare (vt)	[inon'dare]
overstroming (de)	inondazione (f)	[inonda'tsjone]
aardbeving (de)	terremoto (m)	[terre'moto]
aardschok (de)	scossa (f)	['skossa]
epicentrum (het)	epicentro (m)	[epi'tʃentro]
uitbarsting (de)	eruzione (f)	[eru'tsjone]
lava (de)	lava (f)	['lava]
wervelwind (de)	tromba (f) d'aria	['tromba 'daria]
windhoos (de)	tornado (m)	[tor'nado]
tyfoon (de)	tifone (m)	[ti'fone]
orkaan (de)	uragano (m)	[ura'gano]
storm (de)	tempesta (f)	[tem'pesta]
tsunami (de)	tsunami (m)	[tsu'nami]
cycloon (de)	ciclone (m)	[tʃi'klone]
onweer (het)	maltempo (m)	[mal'tempo]
brand (de)	incendio (m)	[in'tʃendio]
ramp (de)	disastro (m)	[di'zastro]
meteoriet (de)	meteorite (m)	[meteo'rite]
lawine (de)	valanga (f)	[va'langa]
sneeuwverschuiving (de)	slavina (f)	[zla'vina]
sneeuwjacht (de)	tempesta (f) di neve	[tem'pesta di 'neve]
sneeuwstorm (de)	bufera (f) di neve	['bufera di 'neve]

Fauna

174. Zoogdieren. Roofdieren

roofdier (het)	**predatore** (m)	[preda'tore]
tijger (de)	**tigre** (f)	['tigre]
leeuw (de)	**leone** (m)	[le'one]
wolf (de)	**lupo** (m)	['lupo]
vos (de)	**volpe** (m)	['volpe]
jaguar (de)	**giaguaro** (m)	[dʒa'gwaro]
luipaard (de)	**leopardo** (m)	[leo'pardo]
jachtluipaard (de)	**ghepardo** (m)	[ge'pardo]
panter (de)	**pantera** (f)	[pan'tera]
poema (de)	**puma** (f)	['puma]
sneeuwluipaard (de)	**leopardo** (m) **delle nevi**	[leo'pardo 'delle 'nevi]
lynx (de)	**lince** (f)	['lintʃe]
coyote (de)	**coyote** (m)	[ko'jote]
jakhals (de)	**sciacallo** (m)	[ʃa'kallo]
hyena (de)	**iena** (f)	['jena]

175. Wilde dieren

dier (het)	**animale** (m)	[ani'male]
beest (het)	**bestia** (f)	['bestia]
eekhoorn (de)	**scoiattolo** (m)	[sko'jattolo]
egel (de)	**riccio** (m)	['ritʃo]
haas (de)	**lepre** (f)	['lepre]
konijn (het)	**coniglio** (m)	[ko'niʎʎo]
das (de)	**tasso** (m)	['tasso]
wasbeer (de)	**procione** (f)	[pro'tʃone]
hamster (de)	**criceto** (m)	[kri'tʃeto]
marmot (de)	**marmotta** (f)	[mar'motta]
mol (de)	**talpa** (f)	['talpa]
muis (de)	**topo** (m)	['topo]
rat (de)	**ratto** (m)	['ratto]
vleermuis (de)	**pipistrello** (m)	[pipi'strello]
hermelijn (de)	**ermellino** (m)	[ermel'lino]
sabeldier (het)	**zibellino** (m)	[dzibel'lino]
marter (de)	**martora** (f)	['martora]
wezel (de)	**donnola** (f)	['donnola]
nerts (de)	**visone** (m)	[vi'zone]

| bever (de) | castoro (m) | [kas'toro] |
| otter (de) | lontra (f) | ['lontra] |

paard (het)	cavallo (m)	[ka'vallo]
eland (de)	alce (m)	['alt͡ʃe]
hert (het)	cervo (m)	['t͡ʃervo]
kameel (de)	cammello (m)	[kam'mello]

bizon (de)	bisonte (m) americano	[bi'zonte ameri'kano]
wisent (de)	bisonte (m) europeo	[bi'zonte euro'peo]
buffel (de)	bufalo (m)	['bufalo]

zebra (de)	zebra (f)	['d͡zebra]
antilope (de)	antilope (f)	[an'tilope]
ree (de)	capriolo (m)	[kapri'olo]
damhert (het)	daino (m)	['daino]
gems (de)	camoscio (m)	[ka'moʃo]
everzwijn (het)	cinghiale (m)	[t͡ʃin'gjale]

walvis (de)	balena (f)	[ba'lena]
rob (de)	foca (f)	['foka]
walrus (de)	tricheco (m)	[tri'keko]
zeebeer (de)	otaria (f)	[o'taria]
dolfijn (de)	delfino (m)	[del'fino]

beer (de)	orso (m)	['orso]
ijsbeer (de)	orso (m) bianco	['orso 'bjanko]
panda (de)	panda (m)	['panda]

aap (de)	scimmia (f)	['ʃimmia]
chimpansee (de)	scimpanzè (m)	[ʃimpan'd͡ze]
orang-oetan (de)	orango (m)	[o'rango]
gorilla (de)	gorilla (m)	[go'rilla]
makaak (de)	macaco (m)	[ma'kako]
gibbon (de)	gibbone (m)	[d͡ʒib'bone]

olifant (de)	elefante (m)	[ele'fante]
neushoorn (de)	rinoceronte (m)	[rinot͡ʃe'ronte]
giraffe (de)	giraffa (f)	[d͡ʒi'raffa]
nijlpaard (het)	ippopotamo (m)	[ippo'potamo]

| kangoeroe (de) | canguro (m) | [kan'guro] |
| koala (de) | koala (m) | [ko'ala] |

mangoest (de)	mangusta (f)	[man'gusta]
chinchilla (de)	cincillà (f)	[t͡ʃint͡ʃil'la]
stinkdier (het)	moffetta (f)	[mof'fetta]
stekelvarken (het)	istrice (m)	['istrit͡ʃe]

176. Huisdieren

poes (de)	gatta (f)	['gatta]
kater (de)	gatto (m)	['gatto]
hond (de)	cane (m)	['kane]

paard (het)	cavallo (m)	[ka'vallo]
hengst (de)	stallone (m)	[stal'lone]
merrie (de)	giumenta (f)	[dʒu'menta]

koe (de)	mucca (f)	['mukka]
bul, stier (de)	toro (m)	['toro]
os (de)	bue (m)	['bue]

schaap (het)	pecora (f)	['pekora]
ram (de)	montone (m)	[mon'tone]
geit (de)	capra (f)	['kapra]
bok (de)	caprone (m)	[kap'rone]

| ezel (de) | asino (m) | ['azino] |
| muilezel (de) | mulo (m) | ['mulo] |

varken (het)	porco (m)	['porko]
biggetje (het)	porcellino (m)	[portʃel'lino]
konijn (het)	coniglio (m)	[ko'niʎʎo]

| kip (de) | gallina (f) | [gal'lina] |
| haan (de) | gallo (m) | ['gallo] |

eend (de)	anatra (f)	['anatra]
woerd (de)	maschio (m) dell'anatra	['maskio dell 'anatra]
gans (de)	oca (f)	['oka]

| kalkoen haan (de) | tacchino (m) | [tak'kino] |
| kalkoen (de) | tacchina (f) | [tak'kina] |

huisdieren (mv.)	animali (m pl) domestici	[ani'mali do'mestitʃi]
tam (bijv. hamster)	addomesticato	[addomesti'kato]
temmen (tam maken)	addomesticare (vt)	[addomesti'kare]
fokken (bijv. paarden ~)	allevare (vt)	[alle'vare]

boerderij (de)	fattoria (f)	[fatto'ria]
gevogelte (het)	pollame (m)	[pol'lame]
rundvee (het)	bestiame (m)	[bes'tjame]
kudde (de)	branco (m), mandria (f)	['branko], ['mandria]

paardenstal (de)	scuderia (f)	[skude'ria]
zwijnenstal (de)	porcile (m)	[por'tʃile]
koeienstal (de)	stalla (f)	['stalla]
konijnenhok (het)	conigliera (f)	[koniʎ'ʎera]
kippenhok (het)	pollaio (m)	[pol'lajo]

177. Honden. Hondenrassen

hond (de)	cane (m)	['kane]
herdershond (de)	cane (m) da pastore	['kane da pas'tore]
Duitse herdershond (de)	battaglia (f)	[bat'taʎʎa]
poedel (de)	barbone (m)	[bar'bone]
teckel (de)	bassotto (m)	[bas'sotto]
buldog (de)	bulldog (m)	[bull'dog]

boxer (de)	**boxer** (m)	['bokser]
mastiff (de)	**mastino** (m)	[ma'stino]
rottweiler (de)	**rottweiler** (m)	[rot'vajler]
doberman (de)	**dobermann** (m)	[dober'mann]
basset (de)	**bassotto** (m)	[bas'sotto]
bobtail (de)	**bobtail** (m)	['bobtejl]
dalmatièr (de)	**dalmata** (m)	['dalmata]
cockerspaniël (de)	**cocker** (m)	['kokker]
Newfoundlander (de)	**terranova** (m)	[terra'nova]
sint-bernard (de)	**sanbernardo** (m)	[sanber'nardo]
husky (de)	**husky** (m)	['aski]
chowchow (de)	**chow chow** (m)	['tʃau 'tʃau]
spits (de)	**volpino** (m)	[vol'pino]
mopshond (de)	**carlino** (m)	[kar'lino]

178. Dierengeluiden

geblaf (het)	**abbaiamento** (m)	[abaja'mento]
blaffen (ww)	**abbaiare** (vi)	[abba'jare]
miauwen (ww)	**miagolare** (vi)	[mjago'lare]
spinnen (katten)	**fare le fusa**	['fare le 'fuza]
loeien (ov. een koe)	**muggire** (vi)	[mu'dʒire]
brullen (stier)	**muggire** (vi)	[mu'dʒire]
grommen (ov. de honden)	**ringhiare** (vi)	[rin'gjare]
gehuil (het)	**ululato** (m)	[ulu'lato]
huilen (wolf, enz.)	**ululare** (vi)	[ulu'lare]
janken (ov. een hond)	**guaire** (vi)	[gwa'ire]
mekkeren (schapen)	**belare** (vi)	[be'lare]
knorren (varkens)	**grugnire** (vi)	[gru'ɲire]
gillen (bijv. varken)	**squittire** (vi)	[skwit'tire]
kwaken (kikvorsen)	**gracidare** (vi)	[gratʃi'dare]
zoemen (hommel, enz.)	**ronzare** (vi)	[ron'dzare]
tjirpen (sprinkhanen)	**frinire** (vi)	[fri'nire]

179. Vogels

vogel (de)	**uccello** (m)	[u'tʃello]
duif (de)	**colombo** (m), **piccione** (m)	[kolombo], [pi'tʃone]
mus (de)	**passero** (m)	['passero]
koolmees (de)	**cincia** (f)	['tʃintʃa]
ekster (de)	**gazza** (f)	['gattsa]
raaf (de)	**corvo** (m)	['korvo]
kraai (de)	**cornacchia** (f)	[kor'nakkia]
kauw (de)	**taccola** (f)	['takkola]

roek (de)	corvo (m) nero	['korvo 'nero]
eend (de)	anatra (f)	['anatra]
gans (de)	oca (f)	['oka]
fazant (de)	fagiano (m)	[fa'dʒano]
arend (de)	aquila (f)	['akwila]
havik (de)	astore (m)	[a'store]
valk (de)	falco (m)	['falko]
gier (de)	grifone (m)	[gri'fone]
condor (de)	condor (m)	['kondor]
zwaan (de)	cigno (m)	['tʃiɲo]
kraanvogel (de)	gru (f)	[gru]
ooievaar (de)	cicogna (f)	[tʃi'koɲa]
papegaai (de)	pappagallo (m)	[pappa'gallo]
kolibrie (de)	colibrì (m)	[koli'bri]
pauw (de)	pavone (m)	[pa'vone]
struisvogel (de)	struzzo (m)	['struttso]
reiger (de)	airone (m)	[ai'rone]
flamingo (de)	fenicottero (m)	[feni'kottero]
pelikaan (de)	pellicano (m)	[pelli'kano]
nachtegaal (de)	usignolo (m)	[uzi'ɲolo]
zwaluw (de)	rondine (f)	['rondine]
lijster (de)	tordo (m)	['tordo]
zanglijster (de)	tordo (m) sasello	['tordo sa'zello]
merel (de)	merlo (m)	['merlo]
gierzwaluw (de)	rondone (m)	[ron'done]
leeuwerik (de)	allodola (f)	[al'lodola]
kwartel (de)	quaglia (f)	['kwaʎʎa]
specht (de)	picchio (m)	['pikkio]
koekoek (de)	cuculo (m)	['kukulo]
uil (de)	civetta (f)	[tʃi'vetta]
oehoe (de)	gufo (m) reale	['gufo re'ale]
auerhoen (het)	urogallo (m)	[uro'gallo]
korhoen (het)	fagiano (m) di monte	[fa'dʒano di 'monte]
patrijs (de)	pernice (f)	[per'nitʃe]
spreeuw (de)	storno (m)	['storno]
kanarie (de)	canarino (m)	[kana'rino]
hazelhoen (het)	francolino (m) di monte	[franko'lino di 'monte]
vink (de)	fringuello (m)	[frin'gwello]
goudvink (de)	ciuffolotto (m)	[tʃuffo'lotto]
meeuw (de)	gabbiano (m)	[gab'bjano]
albatros (de)	albatro (m)	['albatro]
pinguïn (de)	pinguino (m)	[pin'gwino]

180. Vogels. Zingen en geluiden

fluiten, zingen (ww)	**cantare** (vi)	[kan'tare]
schreeuwen (dieren, vogels)	**gridare** (vi)	[gri'dare]
kraaien (ov. een haan)	**cantare, chicchiriare**	[kan'tare], [kikki'rjare]
kukeleku	**chicchirichì** (m)	[kikkiri'ki]
klokken (hen)	**chioccìare** (vi)	[kio'tʃare]
krassen (kraai)	**gracchiare** (vi)	[grak'kjare]
kwaken (eend)	**fare qua qua**	['fare kwa kwa]
piepen (kuiken)	**pigolare** (vi)	[pigo'lare]
tjilpen (bijv. een mus)	**cinguettare** (vi)	[tʃingwet'tare]

181. Vis. Zeedieren

brasem (de)	**abramide** (f)	[a'bramide]
karper (de)	**carpa** (f)	['karpa]
baars (de)	**perca** (f)	['perka]
meerval (de)	**pesce** (m) **gatto**	['peʃe 'gatto]
snoek (de)	**luccio** (m)	['lutʃo]
zalm (de)	**salmone** (m)	[sal'mone]
steur (de)	**storione** (m)	[sto'rjone]
haring (de)	**aringa** (f)	[a'ringa]
atlantische zalm (de)	**salmone** (m)	[sal'mone]
makreel (de)	**scombro** (m)	['skombro]
platvis (de)	**sogliola** (f)	['soʎʎoʎa]
snoekbaars (de)	**lucioperca** (f)	[lutʃo'perka]
kabeljauw (de)	**merluzzo** (m)	[mer'luttso]
tonijn (de)	**tonno** (m)	['tonno]
forel (de)	**trota** (f)	['trota]
paling (de)	**anguilla** (f)	[an'gwilla]
sidderrog (de)	**torpedine** (f)	[tor'pedine]
murene (de)	**murena** (f)	[mu'rena]
piranha (de)	**piranha, piragna** (f)	[pi'rania]
haai (de)	**squalo** (m)	['skwalo]
dolfijn (de)	**delfino** (m)	[del'fino]
walvis (de)	**balena** (f)	[ba'lena]
krab (de)	**granchio** (m)	['graŋkio]
kwal (de)	**medusa** (f)	[me'duza]
octopus (de)	**polpo** (m)	['polpo]
zeester (de)	**stella** (f) **marina**	['stella ma'rina]
zee-egel (de)	**riccio** (m) **di mare**	['ritʃo di 'mare]
zeepaardje (het)	**cavalluccio** (m) **marino**	[kaval'lutʃo ma'rino]
oester (de)	**ostrica** (f)	['ostrika]
garnaal (de)	**gamberetto** (m)	[gambe'retto]

kreeft (de)	**astice** (m)	['astitʃe]
langoest (de)	**aragosta** (f)	[ara'gosta]

182. Amfibieën. Reptielen

slang (de)	**serpente** (m)	[ser'pente]
giftig (slang)	**velenoso**	[vele'nozo]

adder (de)	**vipera** (f)	['vipera]
cobra (de)	**cobra** (m)	['kobra]
python (de)	**pitone** (m)	[pi'tone]
boa (de)	**boa** (m)	['boa]

ringslang (de)	**biscia** (f)	['biʃa]
ratelslang (de)	**serpente** (m) **a sonagli**	[ser'pente a so'naʎʎi]
anaconda (de)	**anaconda** (f)	[ana'konda]

hagedis (de)	**lucertola** (f)	[lu'tʃertola]
leguaan (de)	**iguana** (f)	[i'gwana]
varaan (de)	**varano** (m)	[va'rano]
salamander (de)	**salamandra** (f)	[sala'mandra]
kameleon (de)	**camaleonte** (m)	[kamale'onte]
schorpioen (de)	**scorpione** (m)	[skor'pjone]

schildpad (de)	**tartaruga** (f)	[tarta'ruga]
kikker (de)	**rana** (f)	['rana]
pad (de)	**rospo** (m)	['rospo]
krokodil (de)	**coccodrillo** (m)	[kokko'drillo]

183. Insecten

insect (het)	**insetto** (m)	[in'setto]
vlinder (de)	**farfalla** (f)	[far'falla]
mier (de)	**formica** (f)	[for'mika]
vlieg (de)	**mosca** (f)	['moska]
mug (de)	**zanzara** (f)	[dzan'dzara]
kever (de)	**scarabeo** (m)	[skara'beo]

wesp (de)	**vespa** (f)	['vespa]
bij (de)	**ape** (f)	['ape]
hommel (de)	**bombo** (m)	['bombo]
horzel (de)	**tafano** (m)	[ta'fano]

spin (de)	**ragno** (m)	['raɲo]
spinnenweb (het)	**ragnatela** (f)	[raɲa'tela]

libel (de)	**libellula** (f)	[li'bellula]
sprinkhaan (de)	**cavalletta** (f)	[kaval'letta]
nachtvlinder (de)	**farfalla** (f) **notturna**	[far'falla not'turna]

kakkerlak (de)	**scarafaggio** (m)	[skara'fadʒo]
teek (de)	**zecca** (f)	['tsekka]

| vlo (de) | pulce (f) | ['pultʃe] |
| kriebelmug (de) | moscerino (m) | [moʃe'rino] |

treksprinkhaan (de)	locusta (f)	[lo'kusta]
slak (de)	lumaca (f)	[lu'maka]
krekel (de)	grillo (m)	['grillo]
glimworm (de)	lucciola (f)	['lutʃola]
lieveheersbeestje (het)	coccinella (f)	[kotʃi'nella]
meikever (de)	maggiolino (m)	[madʒo'lino]

bloedzuiger (de)	sanguisuga (f)	[sangwi'zuga]
rups (de)	bruco (m)	['bruko]
aardworm (de)	verme (m)	['verme]
larve (de)	larva (m)	['larva]

184. Dieren. Lichaamsdelen

snavel (de)	becco (m)	['bekko]
vleugels (mv.)	ali (f pl)	['ali]
poot (ov. een vogel)	zampa (f)	['dzampa]
verenkleed (het)	piumaggio (m)	[pju'madʒo]
veer (de)	penna (f), piuma (f)	['penna], ['pjuma]
kuifje (het)	cresta (f)	['kresta]

kieuwen (mv.)	branchia (f)	['brankia]
kuit, dril (de)	uova (f pl)	[u'ova]
larve (de)	larva (f)	['larva]
vin (de)	pinna (f)	['pinna]
schubben (mv.)	squama (f)	['skwama]

slagtand (de)	zanna (f)	['tzanna]
poot (bijv. ~ van een kat)	zampa (f)	['dzampa]
muil (de)	muso (m)	['muzo]
bek (mond van dieren)	bocca (f)	['bokka]
staart (de)	coda (f)	['koda]
snorharen (mv.)	baffi (m pl)	['baffi]

| hoef (de) | zoccolo (m) | ['dzokkolo] |
| hoorn (de) | corno (m) | ['korno] |

schild (schildpad, enz.)	carapace (f)	[kara'patʃe]
schelp (de)	conchiglia (f)	[kon'kiʎʎa]
eierschaal (de)	guscio (m) dell'uovo	['guʃo dell u'ovo]

| vacht (de) | pelo (m) | ['pelo] |
| huid (de) | pelle (f) | ['pelle] |

185. Dieren. Leefomgevingen

leefgebied (het)	ambiente (m) naturale	[am'bjente natu'rale]
migratie (de)	migrazione (f)	[migra'tsjone]
berg (de)	monte (m), montagna (f)	['monte], [mon'taɲa]

rif (het)	scogliera (f)	[skoʎ'ʎera]
klip (de)	falesia (f)	[fa'lezia]
bos (het)	foresta (f)	[fo'resta]
jungle (de)	giungla (f)	['dʒungla]
savanne (de)	savana (f)	[sa'vana]
toendra (de)	tundra (f)	['tundra]
steppe (de)	steppa (f)	['steppa]
woestijn (de)	deserto (m)	[de'zerto]
oase (de)	oasi (f)	['oazi]
zee (de)	mare (m)	['mare]
meer (het)	lago (m)	['lago]
oceaan (de)	oceano (m)	[o'tʃeano]
moeras (het)	palude (f)	[pa'lude]
zoetwater- (abn)	di acqua dolce	[di 'akwa 'doltʃe]
vijver (de)	stagno (m)	['staɲo]
rivier (de)	fiume (m)	['fjume]
berenhol (het)	tana (f)	['tana]
nest (het)	nido (m)	['nido]
boom holte (de)	cavità (f)	[kavi'ta]
hol (het)	tana (f)	['tana]
mierenhoop (de)	formicaio (m)	[formi'kajo]

Flora

186. Bomen

boom (de)	albero (m)	['albero]
loof- (abn)	deciduo	[de'tʃiduo]
dennen- (abn)	conifero	[ko'nifero]
groenblijvend (bn)	sempreverde	[sempre'verde]
appelboom (de)	melo (m)	['melo]
perenboom (de)	pero (m)	['pero]
zoete kers (de)	ciliegio (m)	[tʃi'ljedʒo]
zure kers (de)	amareno (m)	[ama'reno]
pruimelaar (de)	prugno (m)	['pruɲo]
berk (de)	betulla (f)	[be'tulla]
eik (de)	quercia (f)	['kwertʃa]
linde (de)	tiglio (m)	['tiʎʎo]
esp (de)	pioppo (m) tremolo	['pjoppo 'tremolo]
esdoorn (de)	acero (m)	['atʃero]
spar (de)	abete (m)	[a'bete]
den (de)	pino (m)	['pino]
lariks (de)	larice (m)	['laritʃe]
zilverspar (de)	abete (m) bianco	[a'bete 'bjanko]
ceder (de)	cedro (m)	['tʃedro]
populier (de)	pioppo (m)	['pjoppo]
lijsterbes (de)	sorbo (m)	['sorbo]
wilg (de)	salice (m)	['salitʃe]
els (de)	alno (m)	['alno]
beuk (de)	faggio (m)	['fadʒo]
iep (de)	olmo (m)	['olmo]
es (de)	frassino (m)	['frassino]
kastanje (de)	castagno (m)	[ka'staɲo]
magnolia (de)	magnolia (f)	[ma'ɲolia]
palm (de)	palma (f)	['palma]
cipres (de)	cipresso (m)	[tʃi'presso]
mangrove (de)	mangrovia (f)	[man'growia]
baobab (apenbroodboom)	baobab (m)	[bao'bab]
eucalyptus (de)	eucalipto (m)	[ewka'lipto]
mammoetboom (de)	sequoia (f)	[se'kwoja]

187. Heesters

struik (de)	cespuglio (m)	[tʃes'puʎʎo]
heester (de)	arbusto (m)	[ar'busto]

wijnstok (de)	vite (f)	['vite]
wijngaard (de)	vigneto (m)	[vi'ɲeto]

frambozenstruik (de)	lampone (m)	[lam'pone]
rode bessenstruik (de)	ribes (m) rosso	['ribes 'rosso]
kruisbessenstruik (de)	uva (f) spina	['uva 'spina]

acacia (de)	acacia (f)	[a'katʃa]
zuurbes (de)	crespino (m)	[kres'pino]
jasmijn (de)	gelsomino (m)	[dʒelso'mino]

jeneverbes (de)	ginepro (m)	[dʒi'nepro]
rozenstruik (de)	roseto (m)	[ro'zeto]
hondsroos (de)	rosa (f) canina	['roza ka'nina]

188. Champignons

paddenstoel (de)	fungo (m)	['fungo]
eetbare paddenstoel (de)	fungo (m) commestibile	['fungo komme'stibile]
giftige paddenstoel (de)	fungo (m) velenoso	['fungo vele'nozo]
hoed (de)	cappello (m)	[kap'pello]
steel (de)	gambo (m)	['gambo]

eekhoorntjesbrood (het)	porcino (m)	[por'tʃino]
rosse populierboleet (de)	boleto (m) rufo	[bo'leto 'rufo]
berkenboleet (de)	porcinello (m)	[portʃi'nello]
cantharel (de)	gallinaccio (m)	[galli'natʃo]
russula (de)	rossola (f)	['rossola]

morielje (de)	spugnola (f)	['spuɲola]
vliegenzwam (de)	ovolaccio (m)	[ovo'latʃo]
groene knolamaniet (de)	fungo (m) moscario	['fungo mos'kario]

189. Vruchten. Bessen

vrucht (de)	frutto (m)	['frutto]
vruchten (mv.)	frutti (m pl)	['frutti]
appel (de)	mela (f)	['mela]
peer (de)	pera (f)	['pera]
pruim (de)	prugna (f)	['pruɲa]

aardbei (de)	fragola (f)	['fragola]
zure kers (de)	amarena (f)	[ama'rena]
zoete kers (de)	ciliegia (f)	[tʃi'ljedʒa]
druif (de)	uva (f)	['uva]

framboos (de)	lampone (m)	[lam'pone]
zwarte bes (de)	ribes (m) nero	['ribes 'nero]
rode bes (de)	ribes (m) rosso	['ribes 'rosso]
kruisbes (de)	uva (f) spina	['uva 'spina]
veenbes (de)	mirtillo (m) di palude	[mir'tillo di pa'lude]
sinaasappel (de)	arancia (f)	[a'rantʃa]

mandarijn (de)	**mandarino** (m)	[manda'rino]
ananas (de)	**ananas** (m)	[ana'nas]
banaan (de)	**banana** (f)	[ba'nana]
dadel (de)	**dattero** (m)	['dattero]
citroen (de)	**limone** (m)	[li'mone]
abrikoos (de)	**albicocca** (f)	[albi'kokka]
perzik (de)	**pesca** (f)	['peska]
kiwi (de)	**kiwi** (m)	['kiwi]
grapefruit (de)	**pompelmo** (m)	[pom'pelmo]
bes (de)	**bacca** (f)	['bakka]
bessen (mv.)	**bacche** (f pl)	['bakke]
vossenbes (de)	**mirtillo** (m) **rosso**	[mir'tillo 'rosso]
bosaardbei (de)	**fragola** (f) **di bosco**	['fragola di 'bosko]
blauwe bosbes (de)	**mirtillo** (m)	[mir'tillo]

190. Bloemen. Planten

bloem (de)	**fiore** (m)	['fjore]
boeket (het)	**mazzo** (m) **di fiori**	['mattso di 'fjori]
roos (de)	**rosa** (f)	['roza]
tulp (de)	**tulipano** (m)	[tuli'pano]
anjer (de)	**garofano** (m)	[ga'rofano]
gladiool (de)	**gladiolo** (m)	[gla'djolo]
korenbloem (de)	**fiordaliso** (m)	[fjorda'lizo]
klokje (het)	**campanella** (f)	[kampa'nella]
paardenbloem (de)	**soffione** (m)	[sof'fjone]
kamille (de)	**camomilla** (f)	[kamo'milla]
aloë (de)	**aloe** (m)	['aloe]
cactus (de)	**cactus** (m)	['kaktus]
ficus (de)	**ficus** (m)	['fikus]
lelie (de)	**giglio** (m)	['dʒiʎʎo]
geranium (de)	**geranio** (m)	[dʒe'ranio]
hyacint (de)	**giacinto** (m)	[dʒa'ʧinto]
mimosa (de)	**mimosa** (f)	[mi'moza]
narcis (de)	**narciso** (m)	[nar'ʧizo]
Oost-Indische kers (de)	**nasturzio** (m)	[na'sturtsio]
orchidee (de)	**orchidea** (f)	[orki'dea]
pioenroos (de)	**peonia** (f)	[pe'onia]
viooltje (het)	**viola** (f)	[vi'ola]
driekleurig viooltje (het)	**viola** (f) **del pensiero**	[vi'ola del pen'sjero]
vergeet-mij-nietje (het)	**nontiscordardimè** (m)	[non·ti·skordar·di'me]
madeliefje (het)	**margherita** (f)	[marge'rita]
papaver (de)	**papavero** (m)	[pa'pavero]
hennep (de)	**canapa** (f)	['kanapa]

munt (de)	menta (f)	['menta]
lelietje-van-dalen (het)	mughetto (m)	[mu'getto]
sneeuwklokje (het)	bucaneve (m)	[buka'neve]

brandnetel (de)	ortica (f)	[or'tika]
veldzuring (de)	acetosa (f)	[atʃe'toza]
waterlelie (de)	ninfea (f)	[nin'fea]
varen (de)	felce (f)	['feltʃe]
korstmos (het)	lichene (m)	[li'kene]

oranjerie (de)	serra (f)	['serra]
gazon (het)	prato (m) erboso	['prato er'bozo]
bloemperk (het)	aiuola (f)	[aju'ola]

plant (de)	pianta (f)	['pjanta]
gras (het)	erba (f)	['erba]
grasspriet (de)	filo (m) d'erba	['filo 'derba]

blad (het)	foglia (f)	['foʎʎa]
bloemblad (het)	petalo (m)	['petalo]
stengel (de)	stelo (m)	['stelo]
knol (de)	tubero (m)	['tubero]

scheut (de)	germoglio (m)	[dʒer'moʎʎo]
doorn (de)	spina (f)	['spina]

bloeien (ww)	fiorire (vi)	[fjo'rire]
verwelken (ww)	appassire (vi)	[appas'sire]
geur (de)	odore (m), profumo (m)	[o'dore], [pro'fumo]
snijden (bijv. bloemen ~)	tagliare (vt)	[taʎ'ʎare]
plukken (bloemen ~)	cogliere (vt)	['koʎʎere]

191. Granen, graankorrels

graan (het)	grano (m)	['grano]
graangewassen (mv.)	cereali (m pl)	[tʃere'ali]
aar (de)	spiga (f)	['spiga]

tarwe (de)	frumento (m)	[fru'mento]
rogge (de)	segale (f)	['segale]
haver (de)	avena (f)	[a'vena]

gierst (de)	miglio (m)	['miʎʎo]
gerst (de)	orzo (m)	['ortso]

maïs (de)	mais (m)	['mais]
rijst (de)	riso (m)	['rizo]
boekweit (de)	grano (m) saraceno	['grano sara'tʃeno]

erwt (de)	pisello (m)	[pi'zello]
nierboon (de)	fagiolo (m)	[fa'dʒolo]
soja (de)	soia (f)	['soja]
linze (de)	lenticchie (f pl)	[len'tikkje]
bonen (mv.)	fave (f pl)	['fave]

REGIONALE AARDRIJKSKUNDE

Landen. Nationaliteiten

192. Politiek. Overheid. Deel 1

politiek (de)	**politica** (f)	[po'litika]
politiek (bn)	**politico** (agg)	[po'litiko]
politicus (de)	**politico** (m)	[po'litiko]
staat (land)	**stato** (m)	['stato]
burger (de)	**cittadino** (m)	[tʃitta'dino]
staatsburgerschap (het)	**cittadinanza** (f)	[tʃittadi'nantsa]
nationaal wapen (het)	**emblema** (m) **nazionale**	[em'blema natsjo'nale]
volkslied (het)	**inno** (m) **nazionale**	['inno natsjo'nale]
regering (de)	**governo** (m)	[go'verno]
staatshoofd (het)	**capo** (m) **di Stato**	['kapo di 'stato]
parlement (het)	**parlamento** (m)	[parla'mento]
partij (de)	**partito** (m)	[par'tito]
kapitalisme (het)	**capitalismo** (m)	[kapita'lizmo]
kapitalistisch (bn)	**capitalistico**	[kapita'listiko]
socialisme (het)	**socialismo** (m)	[sotʃia'lizmo]
socialistisch (bn)	**socialista**	[sotʃia'lista]
communisme (het)	**comunismo** (m)	[komu'nizmo]
communistisch (bn)	**comunista**	[komu'nista]
communist (de)	**comunista** (m)	[komu'nista]
democratie (de)	**democrazia** (f)	[demokra'tsia]
democraat (de)	**democratico** (m)	[demo'kratiko]
democratisch (bn)	**democratico**	[demo'kratiko]
democratische partij (de)	**partito** (m) **democratico**	[par'tito demo'kratiko]
liberaal (de)	**liberale** (m)	[libe'rale]
liberaal (bn)	**liberale** (agg)	[libe'rale]
conservator (de)	**conservatore** (m)	[konserva'tore]
conservatief (bn)	**conservatore** (agg)	[konserva'tore]
republiek (de)	**repubblica** (f)	[re'pubblika]
republikein (de)	**repubblicano** (m)	[repubbli'kano]
Republikeinse Partij (de)	**partito** (m) **repubblicano**	[par'tito repubbli'kano]
verkiezing (de)	**elezioni** (f pl)	[ele'tsjoni]
kiezen (ww)	**eleggere** (vt)	[e'ledʒere]

kiezer (de)	**elettore** (m)	[elet'tore]
verkiezingscampagne (de)	**campagna** (f) **elettorale**	[kam'paɲa eletto'rale]
stemming (de)	**votazione** (f)	[vota'tsjone]
stemmen (ww)	**votare** (vi)	[vo'tare]
stemrecht (het)	**diritto** (m) **di voto**	[di'ritto di 'voto]
kandidaat (de)	**candidato** (m)	[kandi'dato]
zich kandideren	**candidarsi** (vr)	[kandi'darsi]
campagne (de)	**campagna** (f)	[kam'paɲa]
oppositie- (abn)	**d'opposizione**	[doppozi'tsjone]
oppositie (de)	**opposizione** (f)	[oppozi'tsjone]
bezoek (het)	**visita** (f)	['vizita]
officieel bezoek (het)	**visita** (f) **ufficiale**	['vizita uffi'tʃale]
internationaal (bn)	**internazionale**	[internatsjo'nale]
onderhandelingen (mv.)	**trattative** (f pl)	[tratta'tive]
onderhandelen (ww)	**negoziare** (vi)	[nego'tsjare]

193. Politiek. Overheid. Deel 2

maatschappij (de)	**società** (f)	[sotʃie'ta]
grondwet (de)	**costituzione** (f)	[kostitu'tsjone]
macht (politieke ~)	**potere** (m)	[po'tere]
corruptie (de)	**corruzione** (f)	[korru'tsjone]
wet (de)	**legge** (f)	['ledʒe]
wettelijk (bn)	**legittimo**	[le'dʒittimo]
rechtvaardigheid (de)	**giustizia** (f)	[dʒu'stitsia]
rechtvaardig (bn)	**giusto**	['dʒusto]
comité (het)	**comitato** (m)	[komi'tato]
wetsvoorstel (het)	**disegno** (m) **di legge**	[di'zeɲo di 'ledʒe]
begroting (de)	**bilancio** (m)	[bi'lantʃo]
beleid (het)	**politica** (f)	[po'litika]
hervorming (de)	**riforma** (f)	[ri'forma]
radicaal (bn)	**radicale**	[radi'kale]
macht (vermogen)	**forza** (f), **potenza** (f)	['fortsa], [po'tentsa]
machtig (bn)	**potente**	[po'tente]
aanhanger (de)	**sostenitore** (m)	[sosteni'tore]
invloed (de)	**influenza** (f)	[influ'entsa]
regime (het)	**regime** (m)	[re'dʒime]
conflict (het)	**conflitto** (m)	[kon'flitto]
samenzwering (de)	**complotto** (m)	[kom'plotto]
provocatie (de)	**provocazione** (f)	[provoka'tsjone]
omverwerpen (ww)	**rovesciare** (vt)	[rove'ʃare]
omverwerping (de)	**rovesciamento** (m)	[roveʃa'mento]
revolutie (de)	**rivoluzione** (f)	[rivolu'tsjone]

staatsgreep (de)	colpo (m) di Stato	['kolpo di 'stato]
militaire coup (de)	golpe (m) militare	['golpe mili'tare]

crisis (de)	crisi (f)	['krizi]
economische recessie (de)	recessione (f) economica	[ret∫es'sjone eko'nomika]
betoger (de)	manifestante (m)	[manife'stante]
betoging (de)	manifestazione (f)	[manifesta'tsjone]
krijgswet (de)	legge (f) marziale	['ledʒe mar'tsjale]
militaire basis (de)	base (f) militare	['baze mili'tare]

stabiliteit (de)	stabilità (f)	[stabili'ta]
stabiel (bn)	stabile	['stabile]

uitbuiting (de)	sfruttamento (m)	[sfrutta'mento]
uitbuiten (ww)	sfruttare (vt)	[sfrut'tare]

racisme (het)	razzismo (m)	[rat'tsizmo]
racist (de)	razzista (m)	[rat'tsista]
fascisme (het)	fascismo (m)	[fa'ʃizmo]
fascist (de)	fascista (m)	[fa'ʃista]

194. Landen. Diversen

vreemdeling (de)	straniero (m)	[stra'njero]
buitenlands (bn)	straniero (agg)	[stra'njero]
in het buitenland (bw)	all'estero	[all 'estero]

emigrant (de)	emigrato (m)	[emi'grato]
emigratie (de)	emigrazione (f)	[emigra'tsjone]
emigreren (ww)	emigrare (vi)	[emi'grare]

Westen (het)	Ovest (m)	['ovest]
Oosten (het)	Est (m)	[est]
Verre Oosten (het)	Estremo Oriente (m)	[e'stremo o'rjente]

beschaving (de)	civiltà (f)	[t∫ivil'ta]
mensheid (de)	umanità (f)	[umani'ta]
wereld (de)	mondo (m)	['mondo]
vrede (de)	pace (f)	['pat∫e]
wereld- (abn)	mondiale	[mon'djale]

vaderland (het)	patria (f)	['patria]
volk (het)	popolo (m)	['popolo]
bevolking (de)	popolazione (f)	[popola'tsjone]
mensen (mv.)	gente (f)	['dʒente]
natie (de)	nazione (f)	[na'tsjone]
generatie (de)	generazione (f)	[dʒenera'tsjone]

gebied (bijv. bezette ~en)	territorio (m)	[terri'torio]
regio, streek (de)	regione (f)	[re'dʒone]
deelstaat (de)	stato (m)	['stato]

traditie (de)	tradizione (f)	[tradi'tsjone]
gewoonte (de)	costume (m)	[ko'stume]

ecologie (de)	ecologia (f)	[ekolo'dʒia]
Indiaan (de)	indiano (m)	[indi'ano]
zigeuner (de)	zingaro (m)	['tsingaro]
zigeunerin (de)	zingara (f)	['tsingara]
zigeuner- (abn)	di zingaro	[di 'tsingaro]

rijk (het)	impero (m)	[im'pero]
kolonie (de)	colonia (f)	[ko'lonia]
slavernij (de)	schiavitù (f)	[skjavi'tu]
invasie (de)	invasione (f)	[inva'zjone]
hongersnood (de)	carestia (f)	[kare'stia]

195. Grote religieuze groepen. Bekentenissen

religie (de)	religione (f)	[reli'dʒone]
religieus (bn)	religioso	[reli'dʒozo]

geloof (het)	fede (f)	['fede]
geloven (ww)	credere (vi)	['kredere]
gelovige (de)	credente (m)	[kre'dente]

atheïsme (het)	ateismo (m)	[ate'izmo]
atheïst (de)	ateo (m)	['ateo]

christendom (het)	cristianesimo (m)	[kristja'nezimo]
christen (de)	cristiano (m)	[kri'stjano]
christelijk (bn)	cristiano (agg)	[kri'stjano]

katholicisme (het)	Cattolicesimo (m)	[kattoli'tʃezimo]
katholiek (de)	cattolico (m)	[kat'toliko]
katholiek (bn)	cattolico (agg)	[kat'toliko]

protestantisme (het)	Protestantesimo (m)	[protestan'tesimo]
Protestante Kerk (de)	Chiesa (f) protestante	['kjeza protes'tante]
protestant (de)	protestante (m)	[prote'stante]

orthodoxie (de)	Ortodossia (f)	[ortodos'sia]
Orthodoxe Kerk (de)	Chiesa (f) ortodossa	['kjeza orto'dossa]
orthodox	ortodosso (m)	[orto'dosso]

presbyterianisme (het)	Presbiterianesimo (m)	[presbiterja'nezimo]
Presbyteriaanse Kerk (de)	Chiesa (f) presbiteriana	['kjeza presbite'rjana]
presbyteriaan (de)	presbiteriano (m)	[presbite'rjano]

lutheranisme (het)	Luteranesimo (m)	[lutera'nezimo]
lutheraan (de)	luterano (m)	[lute'rano]

baptisme (het)	confessione (f) battista	[konfes'sjone bat'tista]
baptist (de)	battista (m)	[bat'tista]

Anglicaanse Kerk (de)	Chiesa (f) anglicana	['kjeza angli'kana]
anglicaan (de)	anglicano (m)	[angli'kano]
mormonisme (het)	Mormonismo (m)	[mormo'nizmo]
mormoon (de)	mormone (m)	[mor'mone]

| Jodendom (het) | giudaismo (m) | [dʒuda'izmo] |
| jood (aanhanger van het Jodendom) | ebreo (m) | [e'breo] |

| boeddhisme (het) | buddismo (m) | [bud'dizmo] |
| boeddhist (de) | buddista (m) | [bud'dista] |

| hindoeïsme (het) | Induismo (m) | [indu'izmo] |
| hindoe (de) | induista (m) | [indu'ista] |

islam (de)	Islam (m)	['izlam]
islamiet (de)	musulmano (m)	[musul'mano]
islamitisch (bn)	musulmano	[musul'mano]

| sjiisme (het) | sciismo (m) | [ʃi'izmo] |
| sjiiet (de) | sciita (m) | [ʃi'ita] |

| soennisme (het) | sunnismo (m) | [sun'nizmo] |
| soenniet (de) | sunnita (m) | [sun'nita] |

196. Religies. Priesters

| priester (de) | prete (m) | ['prete] |
| paus (de) | Papa (m) | ['papa] |

monnik (de)	monaco (m)	['monako]
non (de)	monaca (f)	['monaka]
pastoor (de)	pastore (m)	[pa'store]

abt (de)	abate (m)	[a'bate]
vicaris (de)	vicario (m)	[vi'kario]
bisschop (de)	vescovo (m)	['veskovo]
kardinaal (de)	cardinale (m)	[kardi'nale]

predikant (de)	predicatore (m)	[predika'tore]
preek (de)	predica (f)	['predika]
kerkgangers (mv.)	parrocchiani (m)	[parrok'kjani]

| gelovige (de) | credente (m) | [kre'dente] |
| atheïst (de) | ateo (m) | ['ateo] |

197. Geloof. Christendom. Islam

| Adam | Adamo | [a'damo] |
| Eva | Eva | ['eva] |

God (de)	Dio (m)	['dio]
Heer (de)	Signore (m)	[si'ɲore]
Almachtige (de)	Onnipotente (m)	[onnipo'tente]

| zonde (de) | peccato (m) | [pek'kato] |
| zondigen (ww) | peccare (vi) | [pek'kare] |

zondaar (de)	**peccatore** (m)	[pekka'tore]
zondares (de)	**peccatrice** (f)	[pekka'tritʃe]
hel (de)	**inferno** (m)	[in'ferno]
paradijs (het)	**paradiso** (m)	[para'dizo]
Jezus	**Gesù**	[dʒe'su]
Jezus Christus	**Gesù Cristo**	[dʒe'su 'kristo]
Heilige Geest (de)	**Spirito** (m) **Santo**	['spirito 'santo]
Verlosser (de)	**Salvatore** (m)	[salva'tore]
Maagd Maria (de)	**Madonna**	[ma'donna]
duivel (de)	**Diavolo** (m)	['djavolo]
duivels (bn)	**del diavolo**	[del 'djavolo]
Satan	**Satana** (m)	['satana]
satanisch (bn)	**satanico**	[sa'taniko]
engel (de)	**angelo** (m)	['andʒelo]
beschermengel (de)	**angelo** (m) **custode**	['andʒelo kus'tode]
engelachtig (bn)	**angelico**	[an'dʒeliko]
apostel (de)	**apostolo** (m)	[a'postolo]
aartsengel (de)	**arcangelo** (m)	[ar'kandʒelo]
antichrist (de)	**Anticristo** (m)	[anti'kristo]
Kerk (de)	**Chiesa** (f)	['kjeza]
bijbel (de)	**Bibbia** (f)	['bibbia]
bijbels (bn)	**biblico**	['bibliko]
Oude Testament (het)	**Vecchio Testamento** (m)	['vekkio testa'mento]
Nieuwe Testament (het)	**Nuovo Testamento** (m)	[nu'ovo testa'mento]
evangelie (het)	**Vangelo** (m)	[van'dʒelo]
Heilige Schrift (de)	**Sacra Scrittura** (f)	['sakra skrit'tura]
Hemel, Hemelrijk (de)	**Il Regno dei Cieli**	[il 'reɲo dei 'tʃeli]
gebod (het)	**comandamento** (m)	[komanda'mento]
profeet (de)	**profeta** (m)	[pro'feta]
profetie (de)	**profezia** (f)	[profe'tsia]
Allah	**Allah**	[al'la]
Mohammed	**Maometto**	[mao'meto]
Koran (de)	**Corano** (m)	[ko'rano]
moskee (de)	**moschea** (f)	[mos'kea]
moellah (de)	**mullah** (m)	[mul'la]
gebed (het)	**preghiera** (f)	[pre'gjera]
bidden (ww)	**pregare** (vi, vt)	[pre'gare]
pelgrimstocht (de)	**pellegrinaggio** (m)	[pellegri'nadʒo]
pelgrim (de)	**pellegrino** (m)	[pelle'grino]
Mekka	**La Mecca** (f)	[la 'mekka]
kerk (de)	**chiesa** (f)	['kjeza]
tempel (de)	**tempio** (m)	['tempjo]
kathedraal (de)	**cattedrale** (f)	[katte'drale]

gotisch (bn)	gotico	['gotiko]
synagoge (de)	sinagoga (f)	[sina'goga]
moskee (de)	moschea (f)	[mos'kea]

kapel (de)	cappella (f)	[kap'pella]
abdij (de)	abbazia (f)	[abba'tsia]
nonnenklooster (het)	convento (m) di suore	[kon'vento di su'ore]
mannenklooster (het)	monastero (m)	[mona'stero]

klok (de)	campana (f)	[kam'pana]
klokkentoren (de)	campanile (m)	[kampa'nile]
luiden (klokken)	suonare (vi)	[suo'nare]

kruis (het)	croce (f)	['krotʃe]
koepel (de)	cupola (f)	['kupola]
icoon (de)	icona (f)	[i'kona]

ziel (de)	anima (f)	['anima]
lot, noodlot (het)	destino (m), sorte (f)	[de'stino], ['sorte]
kwaad (het)	male (m)	['male]
goed (het)	bene (m)	['bene]

vampier (de)	vampiro (m)	[vam'piro]
heks (de)	strega (f)	['strega]
demoon (de)	demone (m)	['demone]
geest (de)	spirito (m)	['spirito]

| verzoeningsleer (de) | redenzione (f) | [reden'tsjone] |
| vrijkopen (ww) | redimere (vt) | [re'dimere] |

mis (de)	messa (f)	['messa]
de mis opdragen	dire la messa	['dire la 'messa]
biecht (de)	confessione (f)	[konfes'sjone]
biechten (ww)	confessarsi (vr)	[konfes'sarsi]

heilige (de)	santo (m)	['santo]
heilig (bn)	sacro	['sakro]
wijwater (het)	acqua (f) santa	['akwa 'santa]

ritueel (het)	rito (m)	['rito]
ritueel (bn)	rituale	[ritu'ale]
offerande (de)	sacrificio (m)	[sakri'fitʃo]

bijgeloof (het)	superstizione (f)	[supersti'tsjone]
bijgelovig (bn)	superstizioso	[supersti'tsjozo]
hiernamaals (het)	vita (f) dell'oltretomba	['vita dell oltre'tomba]
eeuwige leven (het)	vita (f) eterna	['vita e'terna]

DIVERSEN

198. Diverse nuttige woorden

achtergrond (de)	sfondo (m)	['sfondo]
balans (de)	bilancio (m)	[bi'lantʃo]
basis (de)	base (f)	['baze]
begin (het)	inizio (m)	[i'nitsio]
beurt (wie is aan de ~?)	turno (m)	['turno]
categorie (de)	categoria (f)	[katego'ria]
comfortabel (~ bed, enz.)	comodo	['komodo]
compensatie (de)	compenso (m)	[kom'penso]
deel (gedeelte)	parte (f)	['parte]
deeltje (het)	particella (f)	[parti'tʃella]
ding (object, voorwerp)	cosa (f)	['koza]
dringend (bn, urgent)	urgente	[ur'dʒente]
dringend (bw, met spoed)	urgentemente	[urdʒente'mente]
effect (het)	effetto (m)	[ef'fetto]
eigenschap (kwaliteit)	proprietà (f)	[proprie'ta]
einde (het)	termine (m)	['termine]
element (het)	elemento (m)	[ele'mento]
feit (het)	fatto (m)	['fatto]
fout (de)	errore (m)	[er'rore]
geheim (het)	segreto (m)	[se'greto]
graad (mate)	grado (m)	['grado]
groei (ontwikkeling)	crescita (f)	['kreʃita]
hindernis (de)	barriera (f)	[bar'rjera]
hinderpaal (de)	ostacolo (m)	[os'takolo]
hulp (de)	aiuto (m)	[a'juto]
ideaal (het)	ideale (m)	[ide'ale]
inspanning (de)	sforzo (m)	['sfortso]
keuze (een grote ~)	scelta (f)	['ʃelta]
labyrint (het)	labirinto (m)	[labi'rinto]
manier (de)	modo (m)	['modo]
moment (het)	momento (m)	[mo'mento]
nut (bruikbaarheid)	utilità (f)	[utili'ta]
onderscheid (het)	differenza (f)	[diffe'rentsa]
ontwikkeling (de)	sviluppo (m)	[zvi'luppo]
oplossing (de)	soluzione (f)	[solu'tsjone]
origineel (het)	originale (m)	[oridʒi'nale]
pauze (de)	pausa (f)	['pauza]
positie (de)	posizione (f)	[pozi'tsjone]
principe (het)	principio (m)	[prin'tʃipjo]

probleem (het)	problema (m)	[pro'blema]
proces (het)	processo (m)	[pro'tʃesso]
reactie (de)	reazione (f)	[rea'tsjone]

reden (om ~ van)	causa (f)	['kauza]
risico (het)	rischio (m)	['riskio]
samenvallen (het)	coincidenza (f)	[kojntʃi'dentsa]
serie (de)	serie (f)	['serie]

situatie (de)	situazione (f)	[situa'tsjone]
soort (bijv. ~ sport)	genere (m)	['dʒenere]
standaard (bn)	standard	['standar]
standaard (de)	standard (m)	['standar]
stijl (de)	stile (m)	['stile]

stop (korte onderbreking)	pausa (f)	['pauza]
systeem (het)	sistema (m)	[si'stema]
tabel (bijv. ~ van Mendelejev)	tabella (f)	[ta'bella]
tempo (langzaam ~)	ritmo (m)	['ritmo]
term (medische ~en)	termine (m)	['termine]

type (soort)	tipo (m)	['tipo]
variant (de)	variante (f)	[vari'ante]
veelvuldig (bn)	frequente	[fre'kwente]
vergelijking (de)	confronto (m)	[kon'fronto]
voorbeeld (het goede ~)	esempio (m)	[e'zempjo]

voortgang (de)	progresso (m)	[pro'gresso]
voorwerp (ding)	oggetto (m)	[o'dʒetto]
vorm (uiterlijke ~)	forma (f)	['forma]
waarheid (de)	verità (f)	[veri'ta]
zone (de)	zona (f)	['dzona]

www.ingramcontent.com/pod-product-compliance
Lightning Source LLC
LaVergne TN
LVHW051309080426
835509LV00020B/3196